W0197257

TaVe

Demnach zu versorgung meiner unterthanen
beym Ritter Guth Pillnitz sich einiger Korn
Mangell ereignet, dessen zeigern dieses
Georg Zschoman von Dobritzen 48 Schfl. Korn
vor gedachte meine unterthanen aufgenommen,
Alß wird der Ehrenveste Rath zu Pirna, solches
ohne aufhaltung passiren lassen urkundl. datum Pillnitz
den 14 Junij Ao 1708.

La Comtesse de Cosel

Wahre Geschichten

UM

GRÄFIN COSEL

Aufgeschrieben
von Dieter Nadolski

TAUCHAER VERLAG

WAHRE GESCHICHTEN NR. 06

Nadolski, Dieter:
Wahre Geschichten um Gräfin Cosel / Dieter Nadolski. –
2. Aufl. – [Taucha]: Tauchaer Verlag, 1994.
ISBN 3-910074-04-9

© by Tauchaer Verlag
Satz, Reproduktion, Druck und Buchbinderei:
Offizin Andersen Nexö Leipzig GmbH
Printed in Germany
ISBN 3-910074-04-9

INHALT

VORWORT

Zwei Jahre nach dem Tod des sächsischen Kurfürsten und Königs von Polen August den Starken erschien aus der Feder eines Freiherrn Karl Ludwig von Pöllnitz ein Buch mit dem attraktiven Titel »Das galante Sachsen«. Der Autor des Werkes beschrieb darin auch eine der einst mächtigsten Frauen im Kurfürstentum und die wohl bekannteste Geliebte des Landesherrn, Gräfin Anna Constantia von Cosel. Damals – 1735 – war die Gräfin allerdings schon seit neunzehn Jahren auf der Festung Stolpen inhaftiert und zuvor schmählich von August behandelt worden. Dreißig weitere Jahre auf der Festung lagen noch vor ihr, bis sie verschied.

Vielleicht heute noch mehr als damals nimmt man Anteil am Schicksal dieser Frau, die neunundvierzig Jahre lang gefangen gehalten wurde und sich weder eines Vergehens schuldig noch jemals von einem Gericht verurteilt worden war. Als selbstbewußte Persönlichkeit, mit dem Versprechen Augusts des Starken in der Tasche, sie zum gegebenen Zeitpunkt als seine rechtmäßige Gemahlin anzuerkennen, äußerte sie ihre Meinung zu politischen Vorgängen und versuchte, Entscheidungen zu beeinflussen. Bei weitem nicht alles mißfiel davon August; einflußreiche Minister sorgten dann dafür, daß sich die Auffassungen des Monarchen änderten.

Das Mitgefühl am Los Anna Constantias wird wohl auch dadurch befördert, daß es sich um eine ungewöhnlich schöne Frau handelte. Freiherr von Pöllnitz hat sie mit folgenden Worten beschrieben:

»Sie hatte ein längliches Gesicht; eine wohlgestaltete Nase; einen kleinen Mund; überaus schöne Zähne, schwartze, grosse, lebhaffte und muntere Augen. Ihr gantze Bildung war zärtlich, ihr Lächeln anmuthig und geschickt, die Neigung bis in dem innersten des Hertzens zu erregen. Sie hatte schwartze Haare, eine wunderschöne Brust; Ihr Hals, ihre Hände und ihre Arme waren wohl gebildet, Ihre Farbe war ungemein natürlich, meistentheils aber weiß und roth. Ihre Leibesbildung konnte vor ein Meister-Stück gelten; Ihr Ansehen war prächtig, und sie tantzte mit der äussersten Vollkommenheit.«

Zu den charakterlichen Eigenschaften äußerte sich Pöllnitz weniger euphorisch:

»Ihre Gemüths-Beschaffenheit war nicht ganz und gar so vollkommen. Sie hatte mehr einen lebhafften und muntern als gründlichen Verstand; Sie war nicht allzu aufrichtig, höflich gegen diejenigen, welche vor sie Hochachtung bezeugten, die sie vermeynte fordern zu können, aber im Gegentheil auf das äusserste hoffärtig gegen diejenigen, welche sich unterstunden, sich ihr zu widersetzen; Sie war eigennützig, aber doch dabey freygebig; Sie war erkänntlich gegen die empfangenen Wohltaten, unerbittlich in der Sache; gebieterisch in ihrem Verlangen; und wolte eben nicht allemal das was billig war.«

Man wird nicht alles auf die Goldwaage legen können, was Herr Pöllnitz aufzählt. Betroffen muß freilich machen, daß schon zu ihren Lebzeiten so geschrieben worden ist, als sei die Gräfin längst verstorben! Es mag durchaus sein, daß die Frau nach ihrer Verbannung von nicht wenigen als tot angesehen wurde.

Die Leser unserer Reihe »Wahre Geschichten« wissen bereits, wie sie die wiedergegebenen Episoden einzuordnen haben – der jeweilige Dreh- und Angelpunkt des berichteten Geschehens ist historisch belegt; Stimmungen und Gefühle können nur als Vermutung eingebracht werden, manche Details sind nachweislich Realität gewesen, andere sind so dargestellt worden, daß sie der jeweiligen Situation entsprechen. Mit der getroffenen Auswahl der tatsächlichen Begebenheiten haben wir den Schwerpunkt in die glanzlose Lebenszeit der Anna Constantia von Cosel gelegt, also in die schlimmen, erst zum Ende hin etwas freier werdenden Jahre auf der Festung Stolpen.

Die Herren Günter Kappler und Jürgen Major von der Burgverwaltung Stolpen waren dem Verfasser dieses Büchleins aufgeschlossene und hilfreiche Gesprächspartner, denen auch an dieser Stelle zu danken ist.

Anna Constantia von Cosel ist im Sternzeichen der Waage geboren worden. Über Jahrtausende hinweg haben die Sterndeuter sich bemüht, die Eigenschaften der Menschen aus den Sternen herauszulesen und vorauszusagen. Es blieb nicht aus, daß über diese lange Zeit manches Wesensmerkmal korrigiert, relativiert oder sogar als Irrtum der vorausgegangenen Astrologen nicht mehr aufgeführt wurde. Vieles ist freilich seit den Babyloniern von fast 2000 Jahre vor Christi an unverändert geblieben; bei den Waagemenschen sind es die Zuordnung eines lebhaften, regen Verstandes und körperliche Schönheit vor allem beim weiblichen Geschlecht.

Hinsichtlich des wachen Verstandes und des Anmuts ist Gräfin Cosel eine Waagefrau wie aus dem Lehrbuch des Agrippa von Nettesheim oder des Meisters Albumasar, die um das Jahr 1700 herum immer noch als wichtigstes Vademecum kursieren. Während die Geisteskraft weniger eine Ermessenssache ist, spielen beim Beurteilen der Schönheit schon der Zeitgeist, die momentane Vorliebe nicht unwesentlich mit. Lassen wir uns also beschreiben, wie eine Frau der Cosel-Zeit beschaffen sein sollte, um nach der allgemeinen Auffassung als schön zu gelten.

Gräfin Cosel im Alter von 28 Jahren.
Gemälde von F. Blochwitz, 1865. Burg Stolpen.

Der 1677 in Leipzig geborene Gottlieb Siegmund Corvinus (Amaranthes) äußert sich in seinem »Nutzbaren, galanten und curiösen Frauenzimmer-Lexicon« folgendermaßen:

»Schönheit, Ist eine äusserliche wohlgefällige Gestalt und höchst angenehme Disposition des weiblichen Leibes, so aus einer richtigen Proportion, Grösse, Zahl und Farbe der Glieder herrühret, und dem weiblichen Geschlecht von Gott und der Natur mitgetheilet, auch durch eigene Politur und angewendete künstliche Verbesserung immer mehr und mehr erhöhet wird. Ein gewisser Frantzösischer Scribente erfordert 30. Stücke zu einer vollkommenen Schönheit, als da ist

(1) *die Jugend;*
(2) *eine mittelmässige, nicht zu kleine, noch zu grosse Länge des Leibes;*
(3) *Nicht zu fett nicht zu mager*
(4) *Eine gleichstimmige und förmliche Ordnung aller Glieder des Leibes;*
(5) *Weisse, gelbe oder recht schwartze Haare, zart und kräußlich;*
(6) *Eine zarte Haut, mit kleinen blauen Aederlein unterleget;*
(7) *Eine röthliche weisse Farbe des Leibes;*
(8) *Eine hohe und auffgeheiterte Stirne;*
(9) *Gleiche und nicht eingebogene Schläffe;*
(10) *Zwey schmale und nicht allzu lange Augenbraunen;*
(11) *Liebliche und feurige Augen;*

(12) *Eine wohl proportionirte scharffe Nase;*
(13) *Gleich runde und nicht allzu dicke rosinfarbene Wangen;*
(14) *Ein holdseliges Lächeln;*
(15) Corallen *rothe Lippen;*
(16) *Ein kleiner wohlgebildeter Mund;*
(17) *Kleine weisse und einander gleiche Zähne;*
(18) *Ein sanffter und reiner Athem;*
(19) *Eine liebliche und angenehme Sprache;*
(20) *Ein Kinn mit einem Grüblein, nicht zu weit auch nicht zu wenig vorschiessend;*
(21) *Kleine röthliche Ohren, so nicht allzuweit von dem Haupt abstehen;*
(22) *Ein langer Elffenbeinerner Hals;*
(23) *Weisse mittelmäßige runde und derbe Brüste;*
(24) *Völlige und schneeweisse Hände;*
(25) *Mittelmäßige und schlanke Finger;*
(26) *Ablange gleiche Nägel;*
(27) *Frey doch darbey sittsame und ungezwungene Geberden;*
(28) *Ein modester und gleicher Gang mit auffgerichteten Leibe;*
(29) *Eine zarte weißliche Haut, und endlich*
(30) *wohl=proportionirte und auswärts gesetzte kleine und schmale Füßlein.*«

So also sollte eine Frau beschaffen sein, um als schön zu gelten. Anna Constantia von Cosel hätte dem wackeren Franzosen Modell stehen können, als er so fleißig die erforderlichen Merkmale aufschrieb.

Der am 12. Mai 1670 geborene Friedrich August bekommt als Stiermensch von den Astrologen neben anderen Qualitäten Ungestüm, Lebenslust und kräftige körperliche Konstitution in die Wiege gelegt. Vor dem Hintergrund der Eigenarten Constantias und Augusts – Klugheit und ungewöhnliche Schönheit sowie Leidenschaft und robuste Entschlossenheit – ist 1735 von dem schon im Vorwort genannten Freiherrn Karl Ludwig von Pöllnitz die Geschichte der Bekanntschaft zwischen der Waagefrau und dem Stiermann geschrieben worden. Die Angelegenheit soll ihren Ausgangspunkt in einer Herrengesellschaft haben, die August der Starke als sächsischer Kurfürst und König von Polen um sich versammelt hatte. Dazu nun erzählt Pöllnitz den Hergang mit folgenden Worten:

»In einer von diesen Gesellschaften, da lauter Manns-Personen beysammen waren, fiele einmal ein Gespräch von Maitressen vor. Ein jeder erhub die seinige, und erzehlte Wunder von ihr. Der Herr von Hoymb, ein Cabinetts-Minister und Geheimder Rath, der sich mit in dieser Gesellschaft befand, sagte, er hätte gar keine Maitresse; wohl aber eine Gemahlin, die er so zärtlich als eine Maitresse liebte, und welche hundertmal schöner wäre, als alle diejenige, von denen man hier so viel Aufhebens gemacht hätte. Weil ihm der Wein den Kopff hitzig gemacht hatte, machte er von seiner Gemahlin eine so umständliche Abschilderung, als der beste Mahler nicht vermacht haben würde. Der König, der wohl wuste, daß er blos aus Eifersucht seine Gemahlin das Land hüten ließ, sagte zum, er könte gar nicht glauben, daß alles wahr wäre, was er hier erzehlt habe; er rede hier als ein Mann, der, weil er erst drey Jahre im Ehestand lebete, noch in seine Gemahlin verliebt wäre, und wenn die Madame von Hoym so schön und so vollkommen wäre, als wie er sage, würde sie unfehlbar mehr Aufsehen in der Welt gemacht haben. Der Fürst von Fürstenberg behauptete ebendieses, und fügte noch hinzu, er wolle tausend Dukaten darauf verwetten, daß die Madame von Hoym, wenn sie am Hof erschiene, nicht also befunden werden würde, wie sie ihr Gemahl beschrieben hätte. Der Herr von Hoymb gieng die Wette ein, und der König erbot sich den Ausschlag zu geben. Man nöthigte demnach den von Hoym an seine Gemahlin zu schreiben, daß sie sich ohne Verzug nach Dresden verfügen solle.«

Der Brief sei geschrieben und einem Kurier übergeben worden. Tags darauf wäre Anna Constantia von Hoym wie befohlen erschienen. Sofort hätte sich Friedrich August in sie verliebt, und deren glänzende Karriere als Mätresse habe begonnen.

Diese spannende Geschichte erzählt man sich immer wieder gern, oft mit der Anmerkung, um schöne Frauen solle man nicht wetten. So kurzweilig die Mär auch sein mag, mit der Wirklichkeit hat sie nichts zu tun. Die wahre Geschichte der Bekanntschaft und der Beziehungen zwischen der jungen Frau und dem starken August ist allerdings auch mit einem gehörigen Schuß an Spannung verbunden, und zum Ende hin wird sie immer dramatischer.

Die am 17. Oktober 1680 auf dem Gut Depenau in Holstein geborene Anna Constantia von Brockdorff mag das ihr von den Sternen gesetzte Schicksal als 22jährige sehr beklagen, denn es hat Schmach und Aufregung in die wohlgeordnete und brave häusliche Umgebung gebracht. Die Unverheiratete aus gutem Haus ist schwanger. Würde sie jetzt noch standesgemäß verheiratet werden können? Reichlich ein Jahr nach der Geburt ihres Kindes kann die Frage beantwortet werden. Aus Kursachsen fährt ein Geheimer Rat vom Hofe Augusts des Starken vor und trägt Constantia und ihren Eltern die Vermählung an. Der angereiste Sachse, Adolph Magnus von Hoym, ist 12 Jahre älter als die Auserwählte, ziemlich beleibt und von kompliziertem Charakter. Einen solchen Ehemann hätte Constantia früher weit von sich gewiesen, doch in Anbetracht der Umstände ist mit beiden Händen zuzufassen. Am 2. Juni 1703 wird die Hochzeit begangen.

Der dickliche Hoym nimmt die junge Frau mit nach Dresden, mit mehr als 21000 Einwohnern eine aufregend große Stadt. Vorerst findet sich Platz im Haus des Schwiegervaters, des Herrn Kammerpräsidenten Hoym, in der Kreuzgasse. Sein Sohn, Adolph Magnus, genießt als Direktor des Generalakzisekollegiums die Ehre, zu den geladenen Gästen des Königs und selbstverständlich auch anderer Persönlichkeiten von Rang zu gehören. Insofern blickt Constantia mit Zuversicht auf die kommende Zeit, auch wenn ihr Alltag als Ehefrau keine Quelle der

Freude ist. Die ersten Wochen in Dresden verlaufen allerdings eintöniger, als erwartet. Die erhofften Einladungen bleiben aus, geschweige denn, daß an eine baldige Bekanntschaft mit dem vom Hörensagen inzwischen gut bekannten Monarchen zu denken ist. Alles, was ihr über den Landesherrn erzählt wird, macht sie neugierig auf jenen Menschen, der über so unendlich viel Macht verfügt, dessen Wirken man auf Schritt und Tritt in der Stadt spürt und von dem man berichtet, er habe ein weites Herz für das schöne Geschlecht. Einstweilen hat sie sich über Hoym zu ärgern, der ihr von Tag zu Tag unerträglicher wird.

Eine erste flüchtige Bekanntschaft zwischen Friedrich August und Constantia kommt im Januar 1704 zustande. Die Ehefrau des Königs, Christiane Eberhardine, richtet zu Ehren ihres Gemahls ein Essen aus. Hoym und Ehefrau gehören zu den Gästen. Weder Hoym noch sonst jemand fühlt sich veranlaßt, die junge Frau aus dem Holsteinschen dem König vorzustellen. In Constantia gärt es vor Zorn, so daß sie etwas Ungewöhnliches tut. Sie nimmt ihre Vorstellung selbst in die Hand. Schritt für Schritt nähert sie sich dem Monarchen und mustert ihn verstohlen. Seine gesunde, natürliche Hautfarbe, die kräftige Statur und die beeindruckenden braunen Augen gefallen ihr. So hat sie sich auch von der äußeren Gestalt her einen bedeutenden Herrn vorgestellt. Ihr Blick wird nach und nach direkter, und als sie annehmen darf, daß Friedrich August sie wahrgenommen hat, verneigt sie sich grüßend vor ihrem neuen Landesherrn. Der winkt sie zu sich heran. Die umstehende Hofgesellschaft nimmt konsterniert zur Kenntnis, daß Madame Hoym sich selbst bekanntmacht. Die anschließende kleine Plauderei und den Austausch der üblichen Belanglosigkeiten neiden der aus der Provinz Zugereisten nicht wenige der etablierten Damen. Nach ein paar Minuten erscheint Friedrich Augusts Interesse erloschen. Er wendet sich anderen Personen zu. Die Selbstvorstellung, das kurze Gespräch und die auffallende Schönheit der jungen Frau von Hoym regen den Klatsch und Tratsch kräftig an.

In dem feinen, auf vielfältige Weise verknüpften Gespinst der Hofintrigen ist einer der Dreh- und Angelpunkte die Witwe eines hohen Offiziers, die Gräfin Henriette Amalie Reuß. Ihr war die attraktive Frau an der Seite Hoyms schon im Sommer ins Auge gefallen. Auch die zwischen den Neuvermählten bald schon ausbrechenden Zwistigkeiten blieben ihr und einem eifrig zutragenden Fräulein Hülchen nicht verborgen. Sollte sich da nicht eine neue Mätresse für den König anbieten, die zugleich ihr, der Reuß, und ihrem Freund, dem Statthalter Fürstenberg, zugetan war? Emsig, mit vor Aufregung und kühnen Gedanken glühenden Wangen erörtern die Damen Reuß und Hülchen die Chancen und möglichen Strategien. Man würde sehen, was zu machen war.

Vorerst baut die Gräfin Reuß den Kontakt zu Constantia auf. Die Umstände drängen ansonsten nicht sehr, denn Friedrich August weilt seit Ende Januar nicht mehr in Dresden, sondern in Krakau. Frühling und Sommer des Jahrs 1704 gehen ins Land, der Herbst kommt, und noch immer weilt der König in Polen. Unbeirrt und mit wachsendem Eifer werden von den beiden Damen Pläne geschmiedet. Zur Umsetzung fehlt lediglich die andere Hauptperson, Friedrich August. Der 30. November kommt heran. An diesem Tag verbreitet sich blitzschnell die langersehnte Nachricht, Seine Majestät sei wieder in Dresden. Nun schlagen nicht nur die Herzen der Gräfin Reuß und Fräulein Hülchens höher, nahezu die gesamte Damenwelt lebt auf und macht mobil. Die Reuß arrangiert für den 7. Dezember, einen Sonntag, einen Ball. Das Ehepaar Hoym wird von ihr persönlich zu dem Fest eingeladen. Sie läßt verlauten, auch der König werde anwesend sein. So kann die Einladung unter keinen Umständen ausgeschlagen werden. Hoym erteilt seine Zusage.

Constantia denkt den ganzen Sonntag über an den bevorstehenden schönen Abend. Sie freut sich auf hoffentlich geistvolle Gespräche, sie malt sich den luxuriösen Ball und das kulturvolle Dinner mit großem Vergnügen aus. Ihre Garderobe bestimmt sie mit aller Sorgfalt, sie nimmt sich viel Zeit für das Zurechtmachen und Ankleiden. Nun, da der Abend naht, sind nur noch ein paar letzte Handgriffe zu tun. Da wird ihre frohe, entspannte Stimmung jäh unterbrochen. Urplötzlich dringt beißender Brandgeruch in ihr Zimmer, und schon hört sie auch die Flammen knistern. Wie sich später herausstellt, war eine brennende Wachskerze unbeaufsichtigt geblieben und hatte das Feuer entfacht. Im Haus und nur wenig später in der gesamten Kreuzgasse, bald schon in den angrenzenden Straßen, brechen Angst und Hektik aus. Zur Brandbekämpfung hatten zwar in allen Häusern Ledereimer bereitzustehen, aber die Erfahrung lehrte, daß man damit nicht allzuviel ausrichten konnte. Viele hatten schon persönlich Erlebt, daß ganze Stadtteile abbrannten, aus den Erzählungen ist jedermann bekannt, welche große Gefahr ein Brand bedeutet. Entsprechend groß ist der Schreck. Jetzt sind Leute mit kühlem Kopf vonnöten, die einer möglichen Katastrophe wenigstens eine kluge Organisation der Löscharbeiten entgegensetzen.

Der Türmer bläst aus Leibeskräften Feueralarm. Die Brandglocken rufen die Bürger zum Löschen zusammen. Auch Friedrich August, der vor dem Fest der Gräfin Reuß noch in einer anderen Angelegenheit unterwegs ist, hört die schlimme Botschaft. Schleunigst eilt er dem Rauch und dem sich am Himmel abzeichnenden Feuerschein entgegen. In der Kreuzgasse trifft er zu seinem Zorn nicht nur löschende Leute, auch aufgeregt gestikulierende, nichtstuende Personen und Schaulustige stehen herum. Eine Gestalt hebt sich innerhalb der großen Menschenansammlung ab, die in dieser Katastrophensituation fast unwirklich erscheint. In einem wundervollen Ballkleid agiert eine majestätisch wirkende Frau. Ihr wohlgebauter Körper und jede Bewegung drücken trotz der angespannten Atmosphäre eine betörende Fülle von Anmut aus. Aus

Gräfin Cosel im 30. Lebensjahr.
Gemälde von G. Keil nach einem Kupferstich
von P. Schenk, 1710. Burg Stolpen.

dem länglichen Gesicht blitzen schwarze Augen, die ein wenig in Unordnung geratenen Haare kontrastieren wirksam mit den strahlend weißen Zähnen. Von der Persönlichkeit dieser Frau, die mit fester und zugleich angenehmer Stimme die Brandbekämpfung ordnet, strahlt eine Energie aus, die dem Stiermenschen Friedrich August mehr als verblüfft. Er drängt zu ihr hin. Man macht ihm Platz, und nun steht er neben ihr, der Frau seines Akzisedirektors Hoym. Constantia erkennt im ersten Augenblick den vornehm wirkenden Herrn nicht, dann jedoch erweist sie dem König die Ehrenbezeugung. Nun endlich vernimmt man auch die befehlenden Stimmen einiger in der Brandbekämpfung erfahrener Männer, die versuchen, die Lage in den Griff zu bekommen. Friedrich August nimmt die erschöpfte Frau mit hin zu seiner Kutsche und rollt mit ihr davon.

Was sich in der Staatskarosse für ein Gespräch ergab und ob der König sich bereits in der Kreuzgasse erinnert hatte, mit der schönen Frau bereits vor Monaten eine erste Bekanntschaft geschlossen zu haben – wer weiß es? Einige Wochen nach dem Brand, dem das Wohnhaus der Hoyms zum Opfer fiel, ist es ganz offensichtlich, daß Friedrich Augusts Interesse an der energischen und klugen Waagefrau zur Begierde geworden ist. Zu diesem Zeitpunkt werden Fürstenberg und der Stallmeister Vitzthum bei ihr mit dem geradlinigen Angebot des Königs vorstellig, dessen Mätresse zu werden. Die entrüstete Ablehnung Constantias ist durchaus echt und kein Pokerspiel. Gut hundert Tage später jedoch ist sie seinem Werben erlegen und ihm in echter Liebe zugetan.

Seit dem Herbst des Jahres 1705 darf sich Constantia von Hoym Reichsgräfin Cosel nennen. Friedrich August ist es, der ihr vorschlägt, einen Vertrag abzuschließen, mit dem sie – zunächst noch im Geheimen – als seine Ehefrau erklärt wird und der ihr eine jährliche Pension von 100000 Talern zusichert. Einige Wochen nach der Ausfertigung dieses Vertrages wird die Ehe mit Hoym geschieden. Eine großartige Zukunft scheint vor Constantia von Cosel an der Seite Friedrich Augusts, des Kurfürsten von Sachsen und Königs von Polen zu liegen. Ob es wohl von den Sternen bestimmt ist, daß sie einem grausamen Schicksal entgegen geht?

Der Morgen des 12. Dezember 1715 versprach einen guten Tag. Nach einer sternenklaren Nacht hatte sich ein wenig Rauhreif auf das Land gelegt, der wie ein Zauberer den Morast und Unrat auf den Wegen zudeckte und die entlaubten, sonst trostlos wirkenden Bäume und Büsche mit heiter stimmendem Glanz versah. Gutes Reisen wird heute sein – so geht es Constantia von Cosel durch den Kopf, als sie den Blick durch die Fenster des Pillnitzer Schlosses nach draußen richtet und mit Genugtuung registriert, daß es gefroren hat. Gestern erst hatte sie sich nach langem inneren Zwist entschlossen, am nächsten Tag nun endgültig die beschwerliche Reise nach Berlin anzutreten. Kammerdiener und Kammermädchen waren angewiesen worden, hinreichend Proviant einzupacken und sich selbst für die etwa 30stündige Fahrt in das Königreich Preußen bereit zu halten. Ein paar Tag würde es wohl dauern, bis Constantia im fernen Berlin den Vetter Christian Detlev von Rantzau sprechen und überzeugen kann, das im Augenblick Notwendige für sie zu tun. Schlimmstenfalls könnten sogar einige Wochen vergehen, bis alles zu ihrer Zufriedenheit geregelt sein wird. Nein, da war auf die dienstbaren Geister nicht zu verzichten, auch wenn diese wahrlich lieber am häuslichen Herd verbleiben möchten.

So macht sich also in den frühen Morgenstunden des besonders schönen Dezembertages eine Reisegruppe mit recht unterschiedlichen Stimmungen auf den Weg. Constantia jedenfalls ist guten Mutes, glaubt sie doch, einen Entschluß gefaßt zu haben, der ihr weiteres Schicksal günstig beeinflußt. Wie soll sie ahnen, daß sie niemals mehr in die vertraute Umgebung ihres Pillnitzer Domizils zurückkehren und am Ende dieser Reise ein an Leib und Seele gebrochener Mensch sein wird?

Bei allem Wohlgemut fährt doch bis hin zur kursächsischen Grenze die Sorge mit, eventuell noch an der Reise gehindert und nach Pillnitz zurückgebracht zu werden. Aber auch als diese Gefahr vorüber ist, kann sich Constantia aus ihrem warmen Pelz heraus kaum an der winterlichen Landschaft erfreuen. Tausend andere Gedanken gehen ihr durch den Kopf, die sich allesamt wie die Erde um die Sonne um den immer noch geliebten und verehrten König und Kurfürst Friedrich August drehen. Warum bloß will er sie nicht mehr sehen, ja, schlimmer noch, warum stellt er sie unter Hausarrest?! Noch zu Anfang des Monats hatte er ihr erlaubt, sich frei überall dorthin begeben zu können, wo er nicht weilt, aber schon wenig später das Dekret zurückgezogen. Nunmehr sollte sie Pillnitz nicht verlassen dürfen, es sei denn, sie gäbe den Ehevertrag zurück. Ach ja, der Ehevertrag! Auf den Tag genau vor zehn Jahren hatte sie dieses Dokument erhalten. August versprach darin, »in Kraft eines ehelichen Eydes« sie nach ihrer Scheidung zu heiraten, die mit ihr gezeugten Kinder standesgemäß anzuerkennen, treu zu bleiben, Constantias Besitztum zu wahren und überhaupt für eine gute Zukunft zu sorgen. Als sie damals dieses Dokument zum sicheren Verschluß im Familienarchiv in Drage ihrem Vetter Graf von Rantzau zuleitete, war sie der festen Überzeugung, nunmehr würde sie der majestätische Glanz und Schutz des mächtigen Gebieters, des Kurfürsten von Sachsen und Königs von Polen, ihr Leben lang nicht mehr verlassen.

Nun kommt doch Schwermut in Constantia auf, als sie sich der wunderbaren Jahre an der Seite Friedrich Augusts erinnert und jetzt erleben muß, daß nicht nur alle Schwüre von ewiger Liebe und Treue gebrochen sind, sondern sie wie eine Ausgestos sene behandelt wird. Freilich, er ist ein bedeutender Mann, und vielleicht sollte sie es ihm nicht verdenken, wenn er jetzt ein wenig Druck anwendet, um das damals gegebene Versprechen zurück zu erhalten. Soll er es haben! Es wird gut sein, ihm gegenüber nicht als störrisch zu gelten und sich dann wieder frei und völlig ungehindert bewegen zu dürfen. Eines schönen Tages, da ist sich Constantia vollkommen sicher, wird Friedrich August sie erneut in seine starken Arme schließen und sich dankbar zeigen, daß seine Wünsche respektiert worden sind.

Graf Christian Detlev von Rantzau war in Berlin schwerer zu erreichen als gedacht. Wegen des Vorwurfs der Homosexualität verwahrten ihn Preußens Sittenhüter schon mehr als ein halbes Jahr hinter den dicken Mauern der Festung Spandau. Die Tore des Gefängnisses würden sich für Rantzau nur dann öffnen, wenn die stattliche Summe von 15000 Talern als Gegenleistung zur Verfügung stände. Selbstverständlich, so läßt er Constantia wissen, wird er sofort die Aushändigung des Ehevertrags veranlassen, wenn er auf freiem Fuß ist. Sie möge bitte die notwendigen Taler beschaffen, den Administratoren schleunigst übergeben, und dann werde er sich flugs ihrer Probleme annehmen.

Der gute Mut der Gräfin Cosel ist längst dahin. Sie wußte zwar vor dem Antritt der Reise nach Berlin von der Inhaftierung des Vetters, aber nichts von dessen Ansinnen, ihn zunächst freizukaufen, bevor er auch nur einen Finger für sie rührt. Bei allem Mitgefühl und Verständnis für die Situation hatte sie sich ausgemalt, Christian werde umgehend Order nach Drage ergehen lassen, das gewünschte Dokument auszuhändigen. Woher soll sie jetzt den Batzen Geld nehmen? Gewiß, sie ist immer noch vermögend, doch zum einen weilt sie hier in einem anderen Staat, und zum anderen ist ihr Geld in mancherlei Geschäften angelegt und nicht ohne weiteres zu entnehmen. Hinzu kommt leider die säumige oder völlig eingestellte Zahlung der Zinsen ihrer Schuldner, die auf diese Weise die auf Constantia gefallene Ungnade nutzen.

Aus Tagen verzweifelten Grübelns werden Wochen, und aus Wochen voller Bangen und Hoffen entstehen Monate, ohne daß die 15000 Taler zusammenkommen oder Rantzau auch nur ein Quentchen an Einsicht zeigt. Er hat seine Tragödie zu einem baldigen glücklichen Ende zu bringen, und so wie es aussieht, kann die Spandauer Episode nur durch Constantias Geld ihren Abschluß finden.

Auf der großen Bühne des politischen Lebens wird inzwischen ein neues Stück Schicksal inszeniert. Die Hauptperson, Gräfin Anna Constantia von Cosel, erfährt davon zunächst nichts, bis es dann wie ein Donnerschlag über sie kommt. Im August 1716 überreicht ein aus Dresden herbeigeeilter Kurier dem Gesandten des Kurfürstentums Sachsen in Berlin, Seiner Exzellenz Ernst Christoph von Manteuffel, die Order, er habe bei der preußischen Regierung die Verhaftung der Cosel und die Überführung nach Dresden durchzusetzen. Auch wenn sich Manteuffel beeilt, das Anliegen rasch vorzubringen, arbeiten die Mühlen der Verwaltung ohne Hast und in Preußen mit vielen kleinen und gründlichen Rädchen. So neigt sich der Sommer seinem Ende zu, und der Herbst kündigt sich an, ohne daß Constantia behelligt wird. Im Gegenteil, sie schöpft neue Hoffnung, mit Vetter Rantzau voranzukommen, denn inzwischen hat sie ein wenig Geld aufgetrieben, und den Rest gedenkt sie über ihren Agenten in Leipzig beschaffen zu können. Zu diesem Zweck muß sie ihn sprechen, und das wird sich wohl am besten nahe der sächsischen Grenze in Halle an der Saale arrangieren lassen.

Anfang Oktober begibt sich Constantia über Wittenberg nach Halle, um dort im Gasthaus »Zur Preußischen Krone« auf den Besuch aus der Messestadt zu warten. In Berlin ist Manteuffel alarmiert.

Was bedeutet diese Fahrt, wo führt sie hin? Auch wenn es ihm nicht bis zum Letzten gelingt, sich über den Zweck der Reise kundig zu machen, daß sie in Halle endet, war schnell zu erfahren. Erneut interveniert er am preußischen Hof, und nun ist es der König Friedrich Wilhelm selbst, der veranlaßt, daß Gräfin Cosel am 13. Oktober unter verschärften Arrest gestellt wird. Wer weiß, wozu es gut sein wird, der wohlbekannten Dame aus Sachsen ein Netz überzustülpen und sie nicht über die Grenze entwischen zu lassen.

Wozu es gut sein sollte, Constantia in Gewahrsam zu nehmen, erfährt Friedrich Wilhelm ziemlich schnell. Mit den Sachsen wird über die Möglichkeit gesprochen, dort aufgegriffene Deserteure der preußischen Armee zurückzuführen. Dafür soll im Gegenzug die Gräfin ausgeliefert werden. Das ist ein Geschäft ganz nach dem Geschmack des Preußen, ja, das ist umgehend abzuwickeln.

Am 21. Oktober 1716 wird Constantia in eine Kutsche verfrachtet, die nichts mehr mit den bisher gewohnten komfortableren Fahrzeugen gemein hat. Statt einer die Straßenstöße dämpfenden Aufhängung liegt der plumbe Kutschkasten starr über den globigen Rädern, statt der Fenster aus Glas finden sich verschmutzte Leder- und Tuchvorhänge. Und selbst dieses primitive Gefährt will man ihr nicht zugestehen, als sie aus preußischer Obhut in sächsische Gefangenschaft übergeht.

Zwei Meilen sind etwa zurückgelegt, als die Dunkelheit einbricht und man sich entschließt, in Merseburg Station zu machen. Constantia weiß nicht, warum man sie gefangen genommen hat, wohin die Reise gehen soll und was man mit ihr vorhat. So gut es geht, versucht sie in Würde mit der Situation fertig zu werden. Als man sie in den Raum führt, in dem sie die Nacht verbringen soll , atmet sie ein wenig auf. Zu sehr haben sich die Ereignisse am Tage überstürzt, jetzt wird Zeit sein, den Sachverhalt zu bedenken und sich wieder ein wenig zu fassen. Eine Gefangene ist sie, das ist wahr. Wenn es im Moment überhaupt einen kleinen Trost gibt, dann ist es der, daß in ihrem Zimmer nicht Soldaten wachen, sondern zwei Offiziere, mit denen sie vielleicht Morgen über ihre Lage reden kann. Die Männer haben ihr zwar im notwendigen Befehlston Anweisungen erteilt, aber bei aller Aufregung und Abgespanntheit ist ihr doch nicht entgangen, daß sie auch wohlgefällige Blicke empfing. Natürlich werden die Offiziere wissen, mit wem sie es zu tun haben und damit rechnen, daß sie sich beim Landesherren persönlich zu rechtfertigen hätten, wenn sie sich Unkorrektheiten zuschulden kommen ließen. Sicher wird es keine Verfehlung sein, wenn die Offiziere auf ihre wohlüberlegten Fragen nach bestem Wissen und Gewissen antworten werden. Mit einem Keim Hoffnung im Herzen kriecht Gräfin Anna Constantia von Cosel unter die grobe Decke, die ihr in das Zimmer geworfen worden war.

Nach dieser Nacht liegen noch 49 Lebensjahre vor Constantia. Über diese lange Zeit hinweg wird sie nicht vergessen können, was ihr in der Stadt geschah, die einstmals der Lieblingsaufenthalt deutscher Kaiser war und seit dem Jahr 968 durch Bischofssitze Zeichen für besondere Tugendhaftigkeit pflanzte.

An festen Schlaf war natürlich nicht zu denken. Etwas zur Ruhe kommen, die Gedanken ordnen und dabei ein wenig Kraft für den nächsten Tag gewinnen – wenn das gelänge, dann wäre es schon gut. Keine Stunde mag vergangen sein, daß sie sich damit quält, eine Erklärung zu finden, warum sie verhaftet worden ist, da hört sie, wie sich jemand auf leisen Sohlen auf sie zubewegt. Erschrocken reißt sie die Augen auf. Im Schein der stinkenden und trüben Ölfunzel erkennt sie einen der beiden Offiziere, der unmittelbar vor ihrem Lager steht. Im nächsten Moment greifen auch schon seine gierigen Hände nach ihr und versuchen, ihr die Kleider vom Leib zu reißen. Verbissen wehrt sie sich, kratzt und schlägt in Panik wild um sich. Da kommt der andere seinem Kumpan zur Hilfe, und gegen zwei aufgestachelte Männer ist die Vergewaltigung nicht mehr zu verhindern. Mehrmals muß sie die Torturen über sich ergehen lassen; selbst Bewußtlosigkeit hält die beiden Offiziere seiner Majestät nicht davon ab, sich an Constantia zu vergehen.

Am nächsten Tag bietet sich dem gaffenden Publikum ein jämmerliches Bild. Gezeichnet am Körper und mit tiefen Wunden in der Seele scheint die Gräfin nicht mehr die zu sein, die sie gestern noch war. Der Transport setzt sich gegen Mittag nach Leipzig fort, wo Constantia ihre letzten Kräfte zu-

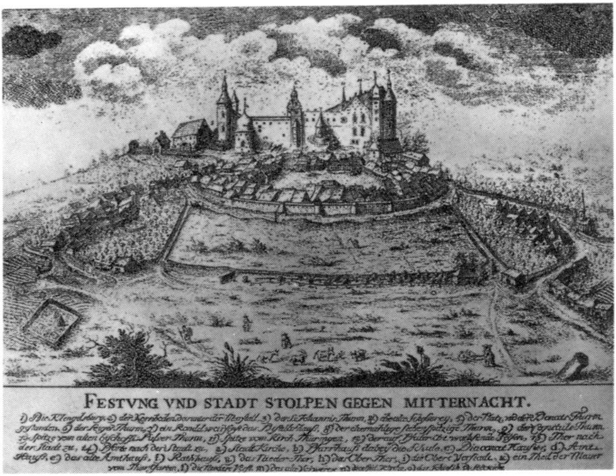

Burg und Stadt Stolpen im 18. Jahrhundert.
Kupferstich von Ch. G. Nestler.

sammenscharrt, in der kommenden Nacht zu fliehen. Der Versuch mißlingt. Obwohl sie ihre letzten Habseligkeiten einsetzt, Unterstützung zu bekommen, will sich niemand damit gegen die Interessen des Landesherrn stellen. Noch einen Tag später – die Kolonne ist inzwischen in Nossen eingetroffen – kommt der endgültige Zusammenbruch an Leib und Seele. Ein Schlaganfall am 27. November setzt zunächst ein Stop für den Weitertransport nach der vorgesehenen endgültigen Station, der Burg Stolpen. Einen knappen Monat gönnt man Constantia, sich ein wenig zu erholen. Am Christabend 1716 werden vor dem Schloß in Nossen die Pferde vor die

Kutsche gespannt und Gräfin Cosel in das Gefährt hineingelegt; zum Sitzen ist sie nicht in der Lage.

Am Abend kommt die elende Fuhre in Stolpen an, in einem Ort, den Constantia auch dann nicht mehr verlassen darf, als August nur ein paar Monate später den Ehevertrag wieder in den Händen hält.

Am 23. Dezember 1716 meldet sich beim Kommandanten der Festung Stolpen ein aus Dresden angereister Offizier, der sich als Hauptmann Lauterbach vorstellt. Der Kommandant, Johann Friedrich von Wehlen, hat erst seit knapp zwei Jahren das Amt inne. Er steht im 63. Lebensjahr und hat über die lange Zeit gelernt, mit den Abgesandten der Obrigkeit zurückhaltend und vorsichtig umzugehen. Nach den ersten informierenden Sätzen Lauterbachs ist ihm klar, daß die angekündigte Staatsgefangene Gräfin Cosel zwar ein delikates Problem darstellen wird. Zugleich fällt ihm aber ein Stein vom Herzen, als er hört, die Wachmannschaft würde als separate Truppe gestellt und von dem Hauptmann befehligt werden. Lauterbach hinterläßt zugleich den Eindruck eines umgänglichen Menschen, der nicht in Anbetracht seiner wichtigen Mission in einen arroganten Ton verfällt und vor Borniertheit strotzt. Formal ist er zwar im Offiziersrang eine Position unter ihm – Wehlen hat das nach 25 Dienstjahren übliche Majorspatent erhalten – doch die Erfahrung hatte gelehrt, daß die von Dresden eintreffenden Herren oft so taten, als seien sie der König selbst.

Als am Abend des 24. Dezember die Eskorte mit der Gräfin Cosel ankommt, erstattet der kommandierte Transportoffizier Hauptmann Johann Holm kurz Bericht und ist dann seiner Verantwortung entbunden. Der Empfänger des Rapports ist jedoch nicht Lauterbach, sondern ein weiterer aus Dresden abkommandierter Offizier im Hauptmannsrang, Johann Bernhard Heineke. Sein Sonderauftrag lautet, sich speziell der Gefangenen anzunehmen. Er hat dazu eine in den Hauptpunkten von Friedrich August selbst aufgesetzte Instruktion an Kommandant von Wehlen zu übergeben, in der es u. a. heißt:

»Der Kommandant soll für die arretierte Person Tag und Nacht Sorge tragen, die Wachen ordentlich bestellen und visitieren. Niemand soll ohne Vorwissen des Kommandanten und des Kapitän Heineke in das Schloß gelassen werden, daß sie durch dieselben mit niemand eine Unterredung pflegen kann; sonderlich ist zu hindern, daß sie mit den Schildwachen reden kann.

Weder der Major noch der Kapitän Heineke sollen allein mit der Gräfin sprechen, sondern beide nur zusammen. Sie sollen nicht mit ihr essen.

Man kann ihr auf Verlangen einen eigenen Kirchenstand aptieren, woselbst sie jedoch mit niemand conversieren kann.

Spaziergänge im Tiergarten sind ihr in Begleitung des Majors und des Kapitäns Heineke zu gestatten, jedoch sind Schildwachen um den Tiergarten, der vorher zu visitieren ist, zu stellen. Es soll kein Posten vor die Tür der Gräfin gestellt werden, sondern vor die Treppe, um ihr die Gelegenheit zu nehmen, mit dem Wachposten zu reden.

Die Leute ihrer Bedienung sind endlich zu verpflichten. Was die Gräfin nötig hat oder verlangen möchte, soll ihr alles verabfolgt und zugesendet werden, doch müssen alle Bücher, Kleidung, Wäsche etc. vorher auf das genaueste untersucht werden.

Personen, die in Geschäften mit ihr zu sprechen haben, sind in Gegenwart des Majors und Kapitäns zu ihr zu lassen.«

Den Offizieren stehen vier Korporale und vierzig Gemeine für die Bewachung zur Verfügung. Da fällt es nicht schwer, alles Mögliche doppelt und dreifach abzusichern und wie befohlen zu verhindern, daß die Gefangene unkontrollierten Kontakt mit der Außenwelt hat. Darin besteht eine der großen Sorgen Constantias. Sie möchte Friedrich August schreiben, ohne daß die Briefe zensiert und aufgehalten werden, sie will Nachrichten von ihren Kindern und ihrer Mutter empfangen, auf direktem Weg das Notwendige für den Lebensunterhalt bestellen, versuchen, mit dem einen oder anderen Vertrauten aus den guten Zeiten zu korrespondieren – was auch immer sie anstellt, nichts funktioniert, ohne daß die Aufpasser hier oder die Administratoren am Dresdener Hof ihre Hände im Spiel haben und oft genug verhindern, daß überhaupt eine Nachricht bewegt wird. Die Gräfin versucht, Hauptmann Heineke zu erweichen und um Hilfe zu ersuchen. Ihr Aufpasser äußert Verständnis und zeigt sich deutlich von der Lage der schönen Frau betroffen. Die Folge ist, daß er nach nur sechs Wochen, am 3. Februar 1717, seines Postens enthoben wird; an seine Stelle kommt erneut der pedantische Hauptmann Johann Holm.

Eines Tages keimt bei Constantia Hoffnung auf, vielleicht doch einen Weg zu finden, unkontrolliert Briefe aus der Festung herausbringen zu lassen. Zu der nicht allzu großen Garnison der Festung gehört ein junger Leutnant, dessen Blicken sie hin und wieder begegnet. Wenn sie nicht alles täuscht, dann steht darin sehr viel an Mitgefühl und Sympathie. Da der Leutnant nicht zur Wachmannschaft gehört, ist er nicht ganz so sehr den strengen Instruktionen ausgesetzt, aber dennoch ist es schwierig, über den Blickkontakt hinaus zu einem Gespräch zu kommen. Instinktiv spürt Constantia, daß sie mit dem jungen Mann einen Verbündeten gewinnen könnte. Vorerst muß auf eine günstige Gelegenheit gewartet werden, unbemerkt von Dritten ein paar Worte miteinander zu wechseln.

Leutnant Melchior Johann Helm ist nicht ohne Stolz Offizier in dem nun schon gut vierzig Jahre stehenden Heer des Kurfürstentums Sachsen geworden. Für die etwa 30 000 Krieger waren nicht genug Adlige für die Offizierslaufbahn aufzutreiben, so daß auch Bürgersöhne die Chance hatten, hier eine bescheidene Karriere zu machen. So verlockend das Offiziersdasein von außen her erschien, so viel Enttäuschungen stellten sich dann aber im Alltag ein. Der Preußenkönig Friedrich Wilhelm I. brachte es auf einen Nenner, als er davon sprach, die Sachsen hätten zwar viele ordentliche Offiziere, sie würden aber nicht »estimiert« werden. Auch hinsichtlich der Besoldung war man im allgemeinen erst nach einem Vierteljahrhundert auf einem grünen Zweig angelangt – mit zehn bis vierzehn Talern Monatssalär waren große Sprünge nicht möglich.

Die Gelegenheit zu einem ersten Wortwechsel zwischen der Gräfin und dem Leutnant bietet sich früher als erhofft. Constantia bemerkt erfreut, daß ihr Eindruck richtig war; Helm ist ihr offensichtlich zugetan. Da sie sich nicht sicher sein kann, wie oft noch Anlaß sein wird, ungehört von anderen miteinander reden zu können, geht sie schnurstracks auf ihr Ziel los und trägt ihr Anliegen vor, der Herr Leutnant möge doch bitte hin und wieder einige Briefe befördern. Helm ist zunächst unsicher, wie er sich verhalten soll. Dann aber ist die Sache für ihn entschieden, denn Constantia klappert mit ein wenig Geld im Beutel, was rasch in Helms Tasche überwechselt. Jetzt muß noch besprochen werden, wie der Leutnant unauffällig die weiterzuleitenden Schriftstücke erhalten kann. Die beiden verabreden zwei Wege. Entweder es wird zuvor ein fester Zeitpunkt verabredet, zu dem Helm in dunkler Nacht unter einem ihrer Fenster steht. Dann wird die Gräfin den jeweiligen Brief auf ein Zeichen hin an einem Faden herablassen. Die andere Möglichkeit gefällt dem Leutnant zunächst überhaupt nicht, weil dabei ein Dritter mit einbezogen werden muß, nämlich der Kammerdiener der Gräfin, der in einer Serviette versteckt Botschaften überbringen soll. Constantia versichert, der Lakai sei absolut verschwiegen. Unbestritten wäre es dennoch besser,

*Gräfin Cosel im Alter von etwa 31 Jahren.
Gemälde von Adam Manyoki, um 1711.
Staatliche Kunstsammlungen Dresden,
Gemäldegalerie Alte Meister.*

man könnte auf den Diener verzichten, aber zum einen wäre immer die Gefahr, daß selbst nachts der aus dem Fenster pendelnde Brief von der Wache bemerkt wird, und zum anderen würde es auch notwendig sein, zuweilen unvorhergesehen rasch eine

Nachricht zu befördern, ohne daß eine vorherige Verabredung stattfinden kann. Helm läßt sich überzeugen und geht auf das Abenteuer ein. Er wird allergrößte Vorsicht walten lassen und lieber einmal nicht zur Verfügung stehen, als ein zu großes Risiko einzugehen. Ein flüchtiger Händedruck besiegelt die Abmachung, und schon in den nächsten Tagen empfängt der Leutnant einige für einen Adressaten in Dresden bestimmte Briefe.

Das Komplott scheint perfekt abzulaufen. Der Empfang der Schreiben und ihr Weitertransport gestaltete sich unauffälliger und damit gefahrloser als befürchtet – man darf aufatmen. Der Dienst auf der Festung läuft in gewohnten Bahnen, niemand außer den drei Personen ahnt im geringsten etwas von dem geheimen Postweg, und schon überlegt Constantia, wer alles in nächster Zeit auf diese besondere Weise von ihr Nachricht bekommen kann. Sie ist wie vom Donner gerührt, als urplötzlich Leutnant Melchior Johann Helm verhaftet wird. Wie konnte das geschehen?

Empfänger der Briefe war ein Mann namens Joseph Löbel Pörlhäffter, der einst Constantia in den Räumen des Pillnitzer Schlosses im Schachspiel unterrichtet hatte. Als sie sich 1715 entschloß, nach Berlin zu ihrem Vetter Rantzau aufzubrechen, hatte sie Pörlhäffter verschiedene Wertsachen zur Aufbewahrung zukommen lassen, u.a. in dieser Angelegenheit waren jetzt die Briefe an ihn geschrieben worden. Auf Geheiß Friedrich Augusts ist inzwischen Baron Woldemar von Löwendahl dabei, möglichst das gesamte Vermögen der Gräfin zu konfiszieren und dabei alle diesbezüglichen Spuren zu verfolgen. So stößt er auch auf den Hofjuden Pörlhäffter und läßt ihn einem Verhör unterziehen, das schließlich mit dessen Verhaftung endet. In seiner Not plaudert er aus, Briefe von der Gräfin Cosel empfangen und einige davon weitergereicht zu haben. Von diesem Geständnis bis zur Aufdeckung des Komplotts zwischen der Gräfin und dem Leutnant ist es nur noch ein kleiner Schritt, der durch zielstrebige Untersuchungen bald gegangen wird.

Constantia ist fassungslos. Es erschüttert sie nicht, daß sie nun erneut jeder Möglichkeit beraubt ist, ohne Zensur Nachrichten zu empfangen und zu geben. Das zu erwartende Schicksal des jungen Leutnants quält sie sehr. Welche Strafe wird man ihm zumessen? Wird sie, die ihn bestochen hat, ihr gefällig zu sein, die Möglichkeit haben, ihm vor dem Ärgsten bewahren können? Das Schlimmste, das ist die Todesstrafe, auch wenn mancher Offizier behauptet, das Böseste wäre das Reiten auf einem Holzesel. Mit einer solchen Ehrenstrafe ist nicht nur die Existenzgrundlage für alle Zeiten entzogen, sondern das begleitende Gespött wird ein rechter Offizier sein Leben lang nicht vergessen und daran langsam dahinsiechen.

Leutnant Helm wird der Prozeß gemacht. Ihm werden zwei Strafen ausgesprochen, die der Verstümmelung und die des Todes. In beiden Fällen räumt das Gericht mildernde Umstände ein. Hinsichtlich der Verstümmelungsstrafe – ausgesprochen wegen der Verletzung des militärischen Befehlsgehorsams – wird die abgeschwächte Form verkündet: Statt das Abhackens der Schwurhand sollen lediglich zwei Finger der rechten Hand entfernt werden. Statt der unehrlichen, u.a. bei Dieben, Mordbrennern, Münzfälschern und Räubern praktizierten Todesstrafe des Erhängens an einem Galgen oder Baumast gestand man dem Leutnant die ehrliche Todesstrafe der Enthauptung zu.

Die Gräfin setzt Himmel und Hölle in Bewegung, um das Urteil zu revidieren. Immer wieder erklärt sie, daß sie allein an dem Vergehen Schuld sei. Oft genug glaubt sie, gegen Windflügel anzukämpfen, doch dann geschieht das Wunder. Zunächst wird der Leutnant von seinem König zu einer mehrjährigen Haftstrafe begnadigt, die am Ende ganz und gar aufgehoben wird. So lange es Constantia möglich ist, unterstützt sie Melchior Johann Helm. Gesehen haben sich die Gräfin und der Leutnant niemals wieder.

Johann Heinrich von Boblick, seit dem 30. Juli 1725 Kommandant der Festung Burg Stolpen, ist alles andere als ein gesprächiger Mann. Nach gut einem Jahr Dienst in seinem neuen Amt gilt er als noch wortkarger, und in letzter Zeit denkt er immer häufiger an die viel kurzweiligeren Tage zurück, zu denen er als Obrist der sächsischen Kavallerie mit seinen Taten glänzen konnte. Eines Morgens jedoch wird bei ihm ein berittener Bote aus Dresden vorstellig und überreicht eine versiegelte Mitteilung, die Boblick in höchste Aufregung versetzt. Die Neuigkeit ist so ungewöhnlich, daß er sie nicht seiner Gewohnheit folgend so lange wie möglich für sich behält, sondern mit wichtiger Miene seiner Ehefrau Charlotte Eleonore davon berichtet: Für den 23. Juli hat sich der König angemeldet und zu erkennen gegeben, daß er auf der Burg zu frühstücken gedenkt. Frau Charlotte vernimmt die Nachricht wie vom Donner gerührt und mit der spontanen Einsicht, Küche und Keller würden zwar die Ansprüche des Landesherrn erfüllen können, doch ob bis zum Besuchstermin der Gewandschneider noch ein neues Kleid fertigen könne, das sei wohl fraglich. Fortan breitet sich Hektik innerhalb und außerhalb der dicken Mauern aus, die auch vor Constantia nicht verborgen bleibt.

Was für sie nicht zu erkennen ist, ist die Ursache der Aufregung. Man munkelt zwar vieles, das auch zu ihren Ohren dringt. Einmal vernimmt sie, es würde eine große Feierlichkeit stattfinden, dann wieder, es kämen viele Truppen – genaues scheint nur Boblick zu wissen. Der ist allerdings viel weniger angenehm als sein Vorgänger Johann Friedrich von Wehlen geschweige denn zuvor Martin von Frantzen, der sie während ihres ersten Aufenthaltes auf der Burg voller Charme und mit großen Ehren empfangen hatte. Das war auch im Juli, nun schon vor 19 Jahren, Anno 1708. Friedrich August war schon vorausgereist, sie kam ein wenig später in Begleitung vieler Kavaliere, und allesamt verbrachten sie einen vergnüglichen Nachmittag beim Wildbretschießen im Tiergarten. Und dann gab es diese wunderbare Nacht mit dem Geliebten, bevor sie am 17. Juli in aller Herrgottsfrühe gemeinsam nach Pillnitz zurückreisten. Warum nur hatten sich die Zeiten so grausam geändert?

Friedrich August trieb es natürlich nicht im geringsten auf die Festung Stolpen, um hier ein gutes Frühstück einzunehmen oder das neue Kleid der Madame Boblick zu bewundern, aber auch der Gedanke an die einstmals begehrte Constantia prägte nicht seinen Entschluß. Es ging einfach und allein darum, die Schlagkraft neuer Kanonen auszuprobieren, wozu die natürlich gewachsenen Basaltfelsen der Festung hervorragend geeignet sind. Freilich, ganz aus dem Sinn ist ihm seine ehemalige Mätresse nicht geraten; vielleicht tut das Prickeln am Rande der militärischen Vorführung ganz gut. Der sächsische Herrscher ist sehr zum Verdruß seiner Minister ein Frühaufsteher. Es ist vor fünf Uhr, als sich von Pillnitz aus die Reisegesellschaft auf den Weg nach Stolpen begibt. Dort hat man mittlerweile an zwei verschiedenen Stellen die neuen Geschütze aufgebaut und mit ihren 24pfündigen Kugeln auf die Felsen ausgerichtet. Friedrich August trifft halb sechs in Stolpen ein und steigt vor dem unteren Tor der Stadt aus der Kutsche. Man bringt ihm ein Pferd, und mit allerseits bewundertem Schwung besteigt es der 57jährige, um nach der unterhalb der Festung, im Hanewald aufgebauten Batterie zu reiten.

Oben auf der Burg herrscht die allergrößte Aufregung, unter den Wachsoldaten, in der Küche, in den Wohnräumen des Kommandanten und vor allem aber in der oberen Etage des Zeughauses. Hier sind die der Gräfin Cosel zugewiesenen Räume. Das Gerücht vom gestrigen Tag, der König käme, ist nunmehr Gewißheit geworden. Constantia läßt es sich mehrere Male von ihrem Kammermädchen vorsagen – Friedrich August ist mit seiner prächtigen Kutsche eingetroffen und hat sich dann zu Pferde weiterbegeben, wohl, um noch ein wenig von der erfrischenden Sommerluft dieses schönen Morgens zu tanken. Sie hat es gewußt, sie hat es immer gewußt, die Liebe war zu tief verwurzelt, August würde eines Tages kommen und sie wie eine Königin vor den Augen der Welt wieder heim holen. Wie konnte sie nur zweifeln, wie unrecht war es, zuweilen in Momenten tiefster Verzweiflung sein kaltes Herz beklagt, ihn sogar verwünscht zu haben. Schon als die Fama am Vorabend von einem königlichen Besuch sprach, hatte sie ein gutes Gefühl; die lange Nacht über verließ sie nicht die gute Hoffnung, das Ondit möge sich nicht nur bewahrheiten, sondern der Besuch gelte einzig und allein ihr. Nun ist es zur Gewißheit geworden, die sorgfältig ausstaffierten Soldaten unten auf dem Burghof werden ein Spalier bilden, durch das sie an der Seite des Herr-

Von Gräfin Cosel gefertigte Handstickerei.
Burg Stolpen.

schers zur Staatskarosse schreiten wird. Mein Gott, sie schwelgt hier in Gedanken und vergißt darüber, sich vorzubereiten, um dann in der Öffentlichkeit königliche Würde ausstrahlen zu können. Mit sich überschlagender, vor Erregung unnatürlich klingender Stimme ruft sie nach dem Mädchen.

Friedrich August ahnt nichts von dem hoffnungsvollen Tun der Gräfin droben auf der Festung. Gründlich besieht er sich die installierten Kanonen im Hanewald, fachsimpelt ein wenig, ob denn auch der Zielpunkt richtig gewählt wäre und begibt sich dann zu der anderen Batterie im Tiergarten. Nicht für den Bruchteil einer Sekunde geht ihm dabei jener vergnügliche Nachmittag vor vielen Jahren durch den Kopf, als er hier schon einmal weilte, damals noch im Vollbesitz seiner Kräfte und noch nicht sonderlich von Krankheiten geplagt. Nein, für melancholische Anmutungen ist keine Zeit. Jetzt muß erprobt werden, welche Kraft in den Waffen steckt, was sie zum Ruhme seiner Herrschaft beizutragen vermögen.

Im Tiergarten trifft der König auf Graf August Christoph von Wackerbarth, dem als Gouverneur neben den Festungen Sonnenstein und Königstein auch Stolpen untersteht. Nun ist die Gesellschaft komplett, und es kann mit den Schießversuchen begonnen werden. Die erste Kugel trifft auf die Bastion und schlägt ein Loch durch die Mauer, zerspringt aber dabei. Der zweite Schuß erreicht den gewachsenen Felsen. Die große Kugel zerspringt wiederum und schmettert einige Gesteinsstücke durch die Gegend. Um Haaresbreite wäre Friedrich August von einem Brocken erwischt worden. Ein anderer Gesteinssplitter dringt in den Schenkel eines der Pferde ein, das wie wild ausschlägt und nur durch die vereinte Kraft einiger Reitknechte wieder zur Ruhe gebracht werden kann. Den offensichtlichen Gefahren zum Trotz befiehlt Friedrich August, nochmals zu Laden und zwei weitere Schüsse abzufeuern. Es gelingt nicht, größere Stücke aus den Basaltpfeifen herauszuschlagen. Der Widerstand des Felsens ist größer als die Festigkeit der Kugeln, die abermals in mehrere Teile zerspringen. Friedrich August nimmt das Ergebnis mit unbewegtem Gesichtsausdruck zur Kenntnis und ordnet an, nunmehr vom Hanewald aus die Versuche fortzusetzen.

Die riesigen Kanonenkugeln abzufeuern erfordert eine beträchtliche Menge an Pulver; entsprechend laut ist der Knall, den die Detonation auslöst. Die Mauern des Zeughauses im hinteren Burghof sind schon lange nicht mehr die stabilsten. Der Luftdruck löst Vibrationen aus, Sand rieselt an verschiedenen Stellen von den Wänden, so daß sich das Kammermädchen erschrocken bekreuzigt. Constantia hingegen vernimmt den Kanonendonner wie eine triumphierende Fanfare. Mit Böllerschüssen, so jubelt es in ihr, kündigt der Geliebte sein Kommen an. Zugleich aber sollte wohl weit draußen im Land gehört werden, daß sich Großes auf der Festung ereignet. Von Mund zu Mund würde die Nachricht eilen, daß der Landesherr gekommen war, ihr zu verzeihen. Die Landarbeiter, die Mägde, die

Handwerker und alles was sich sonst noch regt, werden ihr Tagwerk unterbrechen, zusammenlaufen und danach trachten, ihr den Gruß zu entbieten, wenn sie mehrspännig über die sommerlichen Wege zurück nach Pillnitz fährt.

Einige wenige aus dem Volk laufen nach dem Kanonendonner tatsächlich zusammen. Verursacht ist das freilich nicht durch die Hoffnung auf Freilassung der Gräfin Cosel, und der Grund ist zudem nicht im geringsten ein erfreulicher, sondern recht ärgerlich. Der dritte Schuß hatte nämlich insofern Unheil angerichtet und Furcht ausgelöst, als ein Stück der Kanonenkugel von immerhin etwa sechs Pfund Gewicht ein Haus getroffen und beschädigt hatte. Burgkommandant Boblick beeilt sich, den Vorfall seinem Landesherrn zu melden, der verlangt, ihm das Eisenstück vorzulegen. Friedrich August sieht sich den riesigen Splitter aufmerksam an, wägt ihn in der Hand und gibt ihn schließlich Boblick mit der Bemerkung zurück, er reise jetzt retour nach Pillnitz, frühstücken wolle er nicht – die Übung war beendet.

Als Constantia wenige Zeit später von der Abfahrt des Königs vernimmt und den eigentlichen Grund seiner Visite in Stolpen erfährt, tritt sie an jenes Fenster, von dem aus man am weitesten hinaus in die Landschaft blicken kann. Die Sonne brennt inzwischen heiß auf die Erde hinunter, die Hitze läßt die Luft erflimmern. In der Ferne glaubt sie, die königliche Kutsche zu sehen, bevor sie bewußtlos zusammenbricht.

DIE GRÄFIN, DAS KAMMERMÄDCHEN UND DIE GIFTMÖRDERIN

Constantia von Cosel muß an sich halten, als sich ihr neues Kammermädchen vorstellt. Nicht nur, daß die spindeldürre Gestalt alles andere als wohlgefällig wirkt, sie verbreitet auch einen tölpelhaften Eindruck. Mit weit aufgerissenen Augen, offenem Mund und vor Verlegenheit von einem Bein auf das andere tretend steht sie im Türrahmen und getraut sich keinen Schritt näher zu treten. Constantia muß sie mehrfach auffordern, die Tür zu schließen und in das Zimmer hinein zu kommen. Endlich bewegt sich das Mädchen und nennt mit vor Aufregung zitternder Stimme seinen Namen – Elsbeth Klothilde. Fürs erste vermag ihre neue Herrin kaum zu glauben, was sie zuvor hörte, daß nämlich Elsbeth fleißig und zuverlässig arbeiten würde. Freilich, wählerisch konnte sie in ihrer Situation kaum sein. So mußte man jetzt sehen, ob ein Jahreslohn ausgehandelt werden kann, der Constantias bescheidenen Verhältnissen angepaßt ist. Elsbeth akzeptiert sofort die angebotene Summe und steckt das übergebene Mietgeld rasch in einen abgewetzten Lederbeutel, den sie unter ihren Kleidern hervorkramt. Die neue Herrin erklärt ihr, mit der Aushändigung des Mietgeldes sei nunmehr der Vertrag geschlossen. Würde Elsbeth vor der Zeit den Dienst aufsagen, müsse sie das Geld zurückgeben. Falls Constantia ihr den vorzeitigen Abschied erteile, könne sie den Betrag behalten, der Jahreslohn sei in jedem Fall entsprechend auszuzahlen.

Jetzt hat die Gräfin erneut Anlaß, sich über ihre neue Bedienstete zu wundern. Die nämlich hört nicht weiter zu, sondern geht zum Ofen, reißt die Klappe auf, bückt sich und schaut in das Loch hinein. Dann schließt sie das Türchen wieder, richtet sich auf und stellt sich mit einem tiefen Seufzer der Befriedigung vor Constantia auf. Gefragt nach dem Sinn der Sache, ist es nun an Elsbeth, sich überrascht zu zeigen. Damit sie wenigstens ein Jahr über in Dienst stehen und das Mietgeld behalten sowie den Jahreslohn beziehen könne, sei es bekanntlich unerläßlich, in das Ofenloch zu gucken. Nur so, erklärt Elsbeth, würde ihr ein günstiges Geschick in dem Haus beschieden sein und sie sich bald an die neuen Aufgaben gewöhnen.

Constantia lächelt über den Aberglauben. Sie kann noch nicht ahnen, daß das junge Ding eine derartige Fülle unsinniger Anschauungen mit sich herumträgt, daß ihr das eines Tages fast zum Verhängnis wird.

Eine weitere Kostprobe der Gespensterseherei bekommt sie schon an einem der nächsten Tage serviert. Zunächst vernimmt die Gräfin einen hysterischen Aufschrei, als Elsbeth versehentlich auf eine der vielen Spinnen tritt, die aus den alten Mauern hervorkriechen. Natürlich wird der Kanker getötet. Fortan hätte sie weder Stern noch Glück auf der Welt, lamentiert das am ganzen Körper klappernde

Mädchen. Constantia gibt sich Mühe, das schlichte Gemüt des sich inzwischen tatsächlich als arbeitssam erwiesenen Wesens zu verstehen. Sie selbst ist auch nicht frei von dem einen oder anderen Wunderglauben, doch was sie mit ihrer neuen Hilfe erlebt, paßt nicht in ihre aufgeklärte Welt. Sogar ein wenig zornig reagiert sie, als am nächsten Morgen Elsbeth mit blassem Gesicht den Kakao serviert und bekennt, heute Nacht sei das Schrötlein, der Alp dagewesen. Damit ist ein Geist gemeint, der im Schlaf so drückt, daß sich wirre Träume einstellen und man morgens völlig ausgemergelt aufsteht. Als schließlich Constantia noch verlangt, ihr die Haare zu bürsten und das Kammermädchen steif und fest behauptet, heute, am Freitag, dürfe man das nicht tun, sonst bekäme die Frau Gräfin Ungeziefer, gibt es ein Donnerwetter, das bis hinaus an die Ohren der Wachmann schaft dringt und diese erschrocken aufspringen läßt – Constantias Haare werden gekämmt.

Bei aller Berechtigung, zornig auf übertriebene abergläubische Anwandlungen zu reagieren, gibt es durchaus im Alltagsleben der arrestierten Gräfin einige Gewohnheiten, die auch auf weniger naive Menschen zuweilen unheimlich wirken müssen. In der Küche steht über einem Brennkolben eine Destillierblase, wie man sie in den geheimnisvollen Gemächern der Alchimisten findet. Eine Vielzahl größerer und kleinerer Behältnisse ist mit Beschriftungen versehen, die ungewöhnlich klingen. Die merkwürdige Installation erklärt sich zunächst dadurch, daß Constantia bei ihrer von jungen Jahren an aufgebauten Gewohnheit bleibt, sich selbst in Gefangenschaft mit destilliertem Wasser zu waschen. Zugleich aber wird die Einrichtung benutzt, um Mittel für die Haushaltung und die Schönheitspflege herzustellen.

Kräuterküche auf Burg Stolpen.

Einige kosmetische Präparate sollen beschrieben werden. Um das Gesicht besonders gründlich und zugleich hautschonend zu säubern, wird ein »Wischwasser« aus weißen Bohnen, Semmelbröseln, Kürbis, Weißwurzel, Ziegenmilch, Pinien und dem Fleisch von Taubenbrüsten destilliert. Den selben Zweck erfüllt das »Venetianische Wasser«. In den Destillierkolben kommt ein Gemisch aus Zitronen, Eiern, zerhackten Hammelfüßen, kandierten Zucker, Melonen und Borax sowie frischem Brunnenwasser. Das destillierte Kondensat wird nicht nur zur Reinigung des Gesichts bevorzugt, sondern Constantia glaubt auch daran, daß es die Haut pflegt. Vorzugsweise wird ein Schminckwasser hergestellt, daß als das der Großherzogin von Florenz gilt. Zu den unentbehrlichen Grundsubstanzen zählen Ziegen- oder Eselsmilch, Eiweiß sowie Kalb- oder Hühnerfleisch. Das Kammermädchen Elsbeth hat zwar die Pflicht, sich mit um die Ingredenzien zu sorgen, das Destillieren besorgt Constantia allein. Vielleicht hat sie sogar noch das eine oder andere Geheimrezept, um ihre Schönheit lange Zeit zu konservieren.

In der Küche werden auch Kräuter aufbewahrt, die nicht allein als Gewürze verwendet werden, sondern auch als Heilmittel bei verschiedenartigen Unpäßlichkeiten und Krankheiten dienen. Über Jahre hinweg hat sich Constantia sorgfältig notiert, was sich in welchen Fällen bewährt hat und selbstverständlich auch manches Kräuterbuch studiert. Allezeit ist ein Kräutersäcklein zur Hand, das mit ver-

schiedenen Pflanzen angefüllt ist. Schmerzt eine bestimmte Stelle, wird das Übel nicht selten durch das Auflegen des angewärmten Beutels gelindert. Aus der langen Liste einzeln therapeutisch genutzter Kräuter sollen beispielsweise genannt werden:
Petersilie und Zwiebeln zur Harnabsonderung,
Schnittlauch gegen Lungen-, Brust- und Steinbeschwerden,
Kümmel (mit Branntwein destilliert) gegen Blähungen,
Kastanien bei Durchfall,
Knoblauch und Korinthen gegen Husten,
Johannisbeeren zur Fiebersenkung,
Kardamon zur Stärkung des Magens.
Die Bediensteten haben sich längst damit abgefunden, im nahen Kräutergarten die erforderlichen Pflanzen anzubauen bzw. sich um den Bezug fremdländischer Erzeugnisse zu mühen. Elsbeth Klothilde müht sich durchaus, die Vorgänge in der Küche als nicht beängstigend zu empfinden, aber dennoch ist ihr die Sache mehr oder weniger gespenstig. In ihr ist die Furcht vor Hexen tief verwurzelt, und irgendwie hat das Gluckern der Destillierblase und der aus dem Kolben entweichende Duft etwas von einer Zauberküche an sich. Völlig geheuer ist ihr jedenfalls die Herrin nicht, wenn die über die Glut gebeugt hantiert und dabei in Büchern und Handschriften nachschlägt und wie eine Zauberin unverständliche Worte vor sich hinspricht.

Eines Tages kommt es ganz schlimm. Die Gräfin ist auf eine Rezeptur für ein therapeutisch wirksames Mittel gestoßen, wofür sie Dost, eine Art wilden Majorans, benötigt. Als Elsbeth hört, die Herrin benötige Dost, flüchtet das Mädchen aufgeregt in seine Kammer und praktiziert alle ihr bekannten Maßnahmen zum Schutz vor Hexen. Jetzt schien ihr erwiesen, daß es in der Küche nicht mit rechten Dingen zugeht und dort eine Hexensalbe zubereitet wird. Vom Hörensagen war ihr bekannt, Dost wäre einer der Bestandteile jener Paste, mit der sich die Hexen einschmieren, um zum Sabbat fliegen zu können. Elsbeth beruhigt sich erst dann wieder ein wenig, als sie von der Küchenmagd aufgeklärt wird, wozu man den Dost braucht: Unten in der Stadt wird ein Säugling von der Muttermilch nicht satt. Die kluge Frau oben auf der Burg ist um Hilfe gebeten worden. Als sie entdeckte, daß Dost »der Weyber Milch« mehren soll, hat sie versucht, einen entsprechenden Extrakt zu fertigen.

Unten in der Stadt, in Stolpen, braut sich inzwischen ein Vorgang zusammen, der das Schicksal der nunmehr seit nahezu 33 Jahren inhaftierten Constantia noch dramatischer gestaltet haben könnte. Just zu der Zeit, als das Kammermädchen Elsbeth in ihren Empfindungen, ob die Gräfin eine Hexe ist oder nicht, hin und hergerissen wird, verstirbt aus heiterem Himmel der bis dato kerngesunde Bürger Johann Ernst Schlegel. Die Kunde verbreitet sich auch auf der Burg, und nun hat Elsbeth zu überlegen, ob sie nicht Nachricht von den wundersamen Dingen geben muß, die sich im Johannisturm abspielen. Immerhin hat man gemunkelt, daß schon einmal gegen die Gräfin wegen des Verdachts auf Hexerei ermittelt wurde. Das ist zwar schon ein halbes Leben her, und damals – man schrieb das Jahr 1714 – konnte Baron Woldemar von Löwendahl nicht erreichen, daß Constantia auf den Scheiterhaufen kam. Wer weiß, wer sie einst geschützt hat. Zeugenaussagen hatten damals schon von geheimnisvollen Quacksalbereien gesprochen. Einer hatte sogar erklärt, die Gräfin habe von ihm gefordert, ihr den Kopf eines Hingerichteten zu bringen.

Constantia ahnt nichts von den schlimmen Gedanken ihres Kammermädchens. Die Gefahr, auf eine bloße Denunziation hin zur Hexe erklärt zu werden, war zwar nicht mehr so groß wie im Jahrhundert zuvor, aber erst vor wenigen Monaten, im Juni 1749, hatte man in Würzburg die Nonne Maria Renata Singer wegen ihres Paktes mit dem Teufel enthauptet und verbrannt. Die kursächsischen Konstitutionen von 1572, abgeleitet von der »Constitutio criminalis Carolina«, der »Peinlichen Gerichtsordnung« Kaiser Karls V., waren immer noch von Bedeutung. Im Kapitel IV verlautete: »Wenn jemand in Vergessen seines christlichen Glaubens mit dem Teufel ein Verbündnis aufrichtet, umgeht oder zu schaffen hat, soll dieselbige Person, selbst wenn sie mit Zauberei niemand Schaden zugefügt hat, mit Feuer vom Leben zum Tode gerichtet und gestraft werden.«

Ein diesmal gütiges Schicksal bewahrt Constantia vor neuem Elend. Der Körper Johann Ernst Schlegels wird seziert, und dabei entdeckt man massive

Spuren von Gift. Der Verdacht fällt auf die Ehefrau des Vergifteten, die ihre Tat bald gesteht. Das Gericht verurteilt sie zur erschwerten Todesstrafe mittels »Säckung«, d.h. Ertränken. Die reuige Sünderin ersucht beim König um eine mildere Methode, die ihr gnädig gewährt wird. Am 19. Dezember 1749 schlägt der Scharfrichter der Giftmörderin Eva Maria Schlegel den Kopf ab. Anschließend flechtet man die Leiche aufs Rad und stellt sie zur allgemeinen Abschreckung zur Schau.

Constantia schaudert es, als sie von dem Vergehen und der Strafe hört. Mit Elsbeth Klothilde verbringt sie weiterhin ihr kärgliches Leben.

Gräfin Cosel kennt die Burg Stolpen aus früheren Zeiten. Sie ist ihr zwar nicht als ein ähnlich glanzvoller Ort wie das Taschenbergpalais oder das Schloß in Pillnitz in Erinnerung geblieben, doch als sie hier weilte, war das an der Seite des geliebten Königs. Dessen strahlende Herrlichkeit und ihr Gemütszustand voller Glück und Wonne verklärten ihren Blick, so daß sie die Narben kaum wahrnahm, die man der Burg zugefügt hatte.

Die im Jahr 1222 erstmals urkundlich erwähnte Anlage war bis zur Reformation in Stolpen im Besitz der Meißner Bischöfe. Dann – ab Januar 1559 – waren die sächsischen Kurfürsten die neuen Eigentümer, die mancherlei nach ihrer Facon umgestalteten. Feuerbrünste, die Einrichtung und Stationierung einer Garnison, die Belagerung durch fremde Truppen und die Errichtung von Festungswerken hatten schließlich einen Zustand erbracht, der sich nahtlos mit Constantias seelischer und körperlicher Verfassung verbindet, als sie hier am Weihnachtsabend 1716 eintrifft. Ihr wird ein Domizil in dem Obergeschoß des Zeughauses zugewiesen, das über der einstigen bischöflichen Küche und deren Nebengebäuden errichtet worden war. Auch jetzt befindet sich ebenerdig hier wiederum eine Küche, dazu der Zehrgarten, das ist der Speiseraum für die

Wachmannschaften, Mägde und Knechte, sowie ein Magazin für die Waffen.

Trotz ihres eher leblosen als wachen Zustandes fällt ihr im Schein der Fackeln ein riesiger Sandsteintrog auf, der vor dem Zeughaus steht. Später wird sie noch seine besondere Bedeutung schätzen lernen. Während der nächsten Wochen vernimmt sie einstweilen, daß es lange Zeit ein Problem war, die auf einem Basaltberg errichtete Burg zuverlässig mit Wasser zu versorgen. Einige Zisternen sollten das Regen- und Sickerwasser sammeln, aber wegen der Wetterabhängigkeit und der immerwährenden Verschmutzungsgefahr war das nicht mehr als eine Notlösung. Seit 1630 können die Vorratsbehälter mit Brunnenwasser gefüllt werden. Constantia ist dankbar, daß ihr frisches Wasser zur Verfügung steht. Sie wird sich noch oft erzählen lassen, welche Anstrengungen es erforderte, den Brunnen anzulegen. Es hatte 22 Jahre gedauert, bis man in einer Tiefe von fast 144 Ellen (82 Meter) auf Grundwasser stieß. Eine unglaubliche Menge Holz mußte über diese lange Zeit eingesetzt werden, um Zentimeter für Zentimeter den Fels zu erhitzen und ihn durch Abschrecken so rissig zu machen, daß mit einigermaßen Aussicht auf Erfolg Hammer und Meißel eingesetzt werden konnten.

Vor dem Hintergrund der erlittenen Schmach, der unfreundlichen Umgebung und der immerwährenden Bewachung ist der Alltag für Constantia mehr als bitter. Die ersten Jahre ihrer Gefangenschaft sind geprägt von endlosen brieflichen Kämpfen mit der Administration in Dresden, von zähen Auseinandersetzungen mit ihren Bewachern und immer wieder von einem Quentchen Hoffnung, der König würde sie doch noch zurück an den Hof holen. Zu allem persönlichen Unglück will es das Schicksal so, daß die Festung und Burg Stolpen Schläge zugefügt bekommen, die das Los der Gräfin zusätzlich erschweren.

Ein gräßliches Unglück ereignet sich im Jahr 1723. Es ist Donnerstag, der 4. März. Im Haus des Kantors Johann Heinrich Hartmann werden bei einbrechender Dunkelheit die mehr stinkenden als Licht spendenden Unschlittkerzen angezündet. Eines der Kinder hantiert mit einem Leuchter, kommt in Nähe des zum Spinnen vorbereiteten Flachses, und plötzlich brennt es lichterloh. Ehe man sich versieht, steht das ganz Haus in Flammen.

Bergfestung und Stadt Stolpen
nach Überwindung der Brandkatastrophe von 1723.
Kupferstich, 18. Jahrhundert.

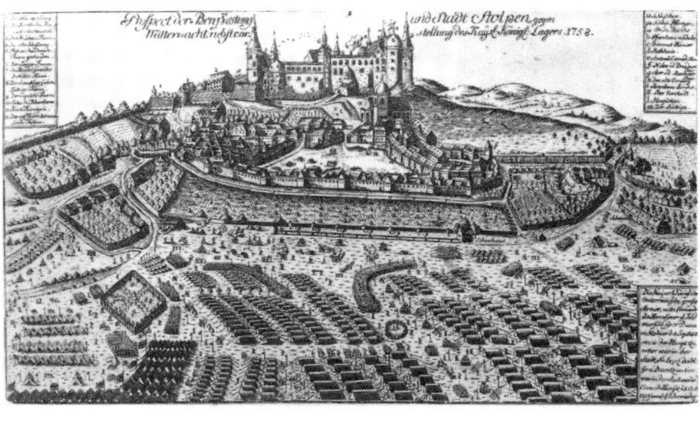

Hinreichend Wasser zum Löschen fehlt, die meisten Leute sind vor Schreck wie gelähmt, und binnen weniger Stunden brennt jedes Gebäude innerhalb der Stadtmauern. Die Panik wird immer größer, zumal sich die Furcht verbreitet, das sich auf der Burg befindliche Schießpulver könnte explodieren. Tatsächlich hat der Wind inzwischen die Flammen hoch auf den Burgberg getrieben, und auch hier gibt es die ersten Brände. Constantia hat sich an diesem unfreundlichen Märztag zeitig zu Bett begeben. Durch die Brandglocken und lautes Rufen wird sie aufgeschreckt. Der Blick aus dem Fenster läßt sie erstarren. Zu ihren Füßen breitet sich ein Flammenmeer aus, wie sie es bisher noch nie gesehen hat. Für Sekunden kommt ihr der Brand damals in der Dresdener Kreuzgasse und ihr Zusammentreffen mit Friedrich August in den Sinn. Fast möchte sie in Erinnerungen versinken, doch Zeit dafür ist nicht. Wer wird sich um sie, die Gefangene, kümmern, wenn das Zeughaus in Flammen aufgeht? Schmerzlich wird ihr klar, daß sie offensichtlich das Unwichtigste ist, was man hier in Sicherheit bringen muß. Zum Glück scheint es auf dem Burghof einige energische Männer zu geben, die sich mühen, die Gefahr von den Gebäuden abzuwenden. Constantia hastet an eines der hofseitigen Fenster. Dort hat sich eine Menschenkette gebildet, die mit Ledereimern Wasser aus dem großen Sandsteintrog schöpft und an den Brandherd befördert. Am Brunnen mühen sich einige Personen, Wasser zu fördern, aber so oft Constantia auch hinblickt, aus dem Brunnenhaus wird kein gefüllter Eimer herausgereicht. Erst später erfährt sie, daß das Wasserschöpfen aus dem Brunnen nicht so zügig geht, wie es eine Brandbekämpfung erfordert. Der Born ist zwar ergiebig – das Wasser steht zumeist zwei Lachter (etwa vier Meter) hoch –, aber das unvermeidliche lange Seil und der daran hängende Eimer haben ein Gewicht von mehreren Zentnern, so daß technische Hilfsmittel notwendig sind. Das wichtigste Instrumentarium ist davon das Tretrad, das freilich 20 Minuten bewegt werden muß, bevor der Eimer von unten nach oben transportiert ist.

Durch das zielstrebige Handeln der Männer kann der Schaden auf der Burg in Grenzen gehalten werden. Unten im Ort ist die Katastrophe perfekt. Das Bild der Zerstörung ist so enorm, daß Friedrich August für das gesamte Kurfürstentum und die inkorporierten Länder eine Generalkollekte anordnet. Ob er wohl jemals daran gedacht hat, wie es seiner ehemaligen Geliebten zumute ist?

Wenn auch das Zeughaus durch den Brand keinen nennenswerten Schaden nahm, so ist unterdessen der bauliche Zustand besorgniserregend geworden. Im Mai 1731 entschließt sich Constantia, an August Christoph Graf von Wackerbarth, dem für die königlichen Festungen zuständigen Gouverneur zu schreiben:

»Ew. Exc. wolle entschuldigen, wenn ich überschicke einen Anschlag von Ausbesserung derer Zimmer wo ich wohne, es ist die höchste Nothwendigkeit das menschliche Hülffe zutrette, weil in widrigen Fall nicht allein größerer Unkostung erfordert werden, besondern zu besorgen steht, das auch ich untergehe, weillen das Zeughaus im Fundament grosse Risse bekommen, wodurch der Fußboden an etzlichen Orthen schier ein virtel gesunken, auch durch alterthum die Bretter so auseinander, das man die Hände hineinlegen kann. Die Anschläge werden mehren Umbständen derer sichtlichen Gefahr darthun, als bitte Ew. Exc. das sie belieben wollen, an den Herrn Cammerpräsident es einhändigen zu lassen. Es seint in die 15 Jahr so hier gewesen, schon vielle Hungerleider zum Theil schon schlaffen gegangen, zum Theil abgesetzet worden, die ihre Lebenszeit mit Besichtigung, Anschlägen und Einvernehmung der Außlösung zugebracht, aber nichts effectives erfolget, da es aber nunmehro auf das Eußerste kommen, so ist nicht mehr auf dergleichen unzeitige und unzulängliche Hülffe zu warthen.«

So sehr freilich die Gräfin gegenüber den hohen Herren in Dresden klagt und mancherlei weitere Briefe schreibt, so sehr stößt sie auf taube Ohren und blinde Augen. Notreparaturen werden mitunter ausgeführt. Dennoch knistert es jahraus, jahrein weiterhin verdächtig im Gebälk, die Risse in den Wänden werden noch größer, und jeder Herbststurm gibt Anlaß zu Angst und Schrecken.

Im Sommer 1743 eskaliert der Zustand. In der Nacht vom 1. zum 2. Juli muß die Gräfin fürchten, ihr letztes Stündlein würde schlagen. Ein heftiges Gewitter ist aufgezogen, und zweimal kurz hintereinander schlägt der Blitz mit gewaltigem Getöse auf der Burg ein. Zunächst wird der in der zweiten Hälfte des 15. Jahrhunderts aus Basaltbruchsteinen erbaute Siebenspitzenturm getroffen, in dem sich u.a. die Wohnung des Burgkommandanten befindet, dessen große Stube Schaden erleidet. Der zweite Einschlag richtet in den Zimmern der Gräfin Cosel Malheur an. Vor dem Ofen gestapeltes Holz steht plötzlich in Flammen, von der Decke rieselt Sand herunter, und überall ist Schwefelgeruch, als sei der leibhaftige Teufel durch die Räume gefegt. Gegen den Qualm und Husten ankämpfend und mit der ständigen Furcht, jeden Augenblick könnte das Gebäude einstürzen, wird versucht, den Brand zu löschen. Das gelingt bald, aber selbst, als sich am Morgen herausstellt, daß das Unglück kleiner ist als in der Dunkelheit vermutet, inspiziert Constantia noch mißtrauischer als bisher den Zustand des Gebäudes. Nachdem Monate später urplötzlich ein eiserner Ofen einstürzt und sie mit seinen Trümmern verletzt, die »Röhre ihres linken Beines zerschellert wird« (wie es später ein Chronist schreibt), ist für jedermann klar, daß eine Umquartierung notwendig und richtig ist. Als neues Domizil war schon zuvor ein Turm ins Auge gefaßt worden, der auf dem dritten Burghof um das Jahr 1509 herum erbaut worden war. Der Bauherr, Bischof Johann VI., hatte ihn zu Ehren seines Namenspatrons aufrichten und als Johannisturm bezeichnen lassen. Constantia war sich keineswegs sicher, nicht vom Regen in die Traufe zu kommen, denn auch der Turm war in der Vergangenheit schon wiederholt vom Blitz heimgesucht worden. Erst vor zwei Jahren, 1742, wurde dadurch die Turmhaube zerstört. Als Gefangene hat sie allerdings sowieso kaum Ansprüche geltend zu machen, und Spuren besorgniserregender Baufälligkeit läßt der Turm auf den ersten Blick nicht erkennen.

Tatsächlich ist das fast ein Vierteljahrtausend alte Bauwerk in einem guten Zustand. Unübersehbar ist jedoch auch, daß der Turm eher für Verteidigungszwecke denn zum Bewohnen beschaffen zu sein scheint. Es ehrt den ansonsten kaum ehrenwerten Kommandanten Johann Heinrich von Boblick, daß er sich einverstanden erklärt, die Geschütze entfernen und die Schießluken im ersten und dritten Stock zu Fenstern erweitern zu lassen. Unerbittlich bleibt er freilich hinsichtlich der im Johannisturm zu postierenden Wachmannschaften – der oberste Raum wird der Gräfin vorenthalten. Hier haben seine Leute zu weilen. Die Cosel soll über ihrem Haupt immer spüren, wer der Herr im Haus ist, daß man ihr allezeit auf dem Kopf herumtanzen kann.

Im Frühsommer 1744 bezieht Constantia den Johannisturm, den man nach ihrem Tod im Volksmund als Coselturm bezeichnen wird. Das Bauwerk ist etwa noch einmal so hoch wie die Basaltkuppe des Burgberges, 36 Meter. In die vier übereinanderliegenden Räume gelangt man mittels einer Wendeltreppe, die als separate Baulichkeit an der Nordseite des Johannisturmes angeordnet ist. Von den 97 Stufen tragen manche geheimnisvolle Zeichen,

Johannisturm (Coselturm) mit Aborterker
und angebautem Wendeltreppenturm.

die die schlichten Gemüter der Dienstboten erschrecken könnten – Constantia muß ihnen erklären, daß es sich um Merkmale der Steinmetzen handelt, die hier einstmals ihre Arbeit leisteten.

Der separate Wendeltreppenturm bietet einen Vorteil, der in einer Höhe von gut 350 Meter über dem Meeresspiegel, freistehend dem Wind und Wetter ausgesetzt, für ein einigermaßen erträgliches Wohnen unerläßlich ist: Zwischen dem Haupt- und dem Treppenturm ist ein Schacht entstanden, der als Kamin genutzt werden kann. So kann man jedes der Zimmer mit einem Ofen ausstatten.

Wohnzimmer der Gräfin Cosel
in der zweiten Etage des Johannisturms.

Gräfin Cosel versucht, sich in der neuen Umgebung einigermaßen wohnlich einzurichten. Die erste Etage wird für ihre Bediensteten vorgesehen. In eine Nische kommt eine kleine Küche, und zweckmäßigerweise dient der Raum zugleich auch als Eßzimmer. Dem Problem, den Unflat aus der Küche auf dem Fußboden festzutreten, wirkt man entgegen, indem gewaschener und gesiebter Sand ausgestreut wird, den man von Zeit zu Zeit auswechselt. Der Fußboden in der zweiten Etage besteht aus Eichenholzparkett, der in der dritten ist mit Fichtenholz gedielt. Ihre eigentliche Wohnung hat Constantia in der zweiten Etage, darüber befindet sich der Schlafraum, in dem zugleich die Bücher plaziert sind, die von der Gräfin Zeit ihres Lebens geschätzt werden. Von der dritten Etage, dem Schlafzimmer, ist ein kleiner Verschlag abgetrennt, der zu einem aus dem Turm herausragenden Erker führt. Umgangssprachlich hat er einen drastischen, aber treffenden Namen, nämlich »Scheißnase«. Zur Winterszeit ist der Aborterker in luftiger Höhe beim besten Willen nicht direkt zu benutzen. Üblicherweise bedient sich Constantia eines aus Zinn gegossenen, mit Deckel versehenen Kammerbeckens, das unter dem Bett aufbewahrt wird.

Mit fortschreitendem Alter wird jeder neu heraufziehende Winter als Last empfunden. Die Heizkraft der aus festem und harten Holz gebrannten Kohlen ist nicht allzu groß, so daß die Küchenmagd unentwegt mit dem als Kohlenhose bezeichneten Behältnis das Brennmaterial über die vielen Stufen

Aborterker (»Scheißnase«)
in der dritten Etage des Johannisturms

schleppen muß. Zuweilen reicht der Ofen nicht aus, die erforderliche Wärme zu spenden. Dann wird ein Kohlentopf angezündet, ein irdenes, mit einem durchlöcherten Deckel versehenes Gefäß, über dem sich die Gräfin die klammen Hände über den glühenden Kohlen reibt.

Auch wenn sich die allmählich zur Greisin werdende Frau im Johannisturm längst an Blitz und Donner gewöhnt hat und sie Feuerbrunst kaum noch fürchtet, ziehen nun die Schrecken des Vergessenwordenseins, das Elend der Einsamkeit herauf. Wie traurig es zum Lebensende hin um sie und ihre Umwelt aussieht, mag aus einer Notiz hervorgehen, die aus der Feder von Christoph Friedrich

Gülden stammt. Gülden, 34 Jahre jünger als die Gräfin, war seit 1748 Pächter des Amtes Stolpen. Als er in den sechziger Jahren von einer Visite oben auf der Festung zurück in seine Amtsstube kommt, notiert er:

»In dem kleinen Wohnzimmer waren keine Tapeten, zwei alte sehr schadhafte Stühle, ebenso viele kleine hölzerne Tische, ein großes hölzernes Bett ohne Vorhänge und der Gräfin eigener Stuhl, darauf sie zwischen zwei hölzernen Seitenlehnen ohne Rückenstück auf zwei alten übereinander liegenden Federkissen, den Rücken allezeit dem Ofen zukehrend, gesessen. Durch den vielen Rauch und Dampf einer mitten im Zimmer an der Decke herabhängenden Lampe, welche von Abend bis zum hellen Morgen brennen mußte, war alles ganz schwarz geworden, daß man die Zeiger einer an der Wand hängenden schlechten Schlaguhr nicht erkennen konnte.«

Ob sich Anna Constantia Gräfin von Cosel angesichts einer solchen Umgebung wohl noch erinnern konnte, wie einst ihre Umwelt im Taschenbergpalais und im Schloß Pillnitz beschaffen war?

In der Gegend um Stolpen herum erzählt man sich gern zwei Sagen, die mit der Gräfin Cosel, ihrer letzten Ruhestätte und einem Schatz zu tun haben. Nach der einen Version soll sie in einer Höhle unter dem Schafberg bei Langenwolmsdorf begraben sein. Dort allerdings findet sie keine Ruhe, sondern wandert immerfort umher und verschenkt an Leute, die »ihr standhalten«, von den vielen Talern, die sie mit in das Grab genommen hat. Einmal hätte ein Schäfer bei dem Berge geweidet, und da sei plötzlich eine schöne Jungfrau mit einem kurzen weißen Kleid und einem schwarzen Gürtel um den Leib erschienen. Die Jungfrau habe gefragt, ob der Schäfer ihr helfen wolle. Nachdem er das bejahte, habe sie gewinkt, ihr zum Berg hin zu folgen. Dort angelangt, hätte sich der Berg geöffnet, und ein Gang und eine weite Grotte seien zu sehen gewesen. Davor war allerdings ein großer Wassergraben. Das schöne Mädchen habe herzlich gebeten, über den Graben zu springen, doch der alte Schäfer versuchte es vergeblich. Nun hätte sich jenseits des Grabens ein Tor geöffnet und den Blick in einen weiten Saal aufgetan, in dem viele Männer mit langen weißen Bärten versammelt waren. Einer aus ihrer Mitte habe dann gerufen, alles sei vergebens, nun müsse man noch hundert Jahre warten. Daraufhin wäre al-

Gräfin Cosel im Alter von 60 Jahren.
Ölgemälde eines unbekannten Meisters.
Burg Stolpen.

les wie weggeblasen verschwunden, und der verwirrte Schäfer sei erst nach Mitternacht wieder zu Hause eingetroffen.

In der anderen Sage wird behauptet, an der alten Stadtmauer in Stolpen sei unbedingt ein Schatz vergraben, und zwar zwischen zwei genau bezeichneten Häusern. Wer nicht so ein neumodischer Besserwisser sei, der sähe in der Stunde nach Mitternacht eine weiße Flamme in dem Garten stehen, freilich nur, wenn er an einem Sonntag geboren und an einem Palmsonntag getauft ist. Ein solcher Mensch habe zur Flamme zu sagen: »Flamme, weiße, weiche, komm, ich will dich erlösen, und du sollst mir deine Schätze geben.« Anschließend müsse er die weiße Flamme umarmen, und dann werde daraus eine Lilie. Wo die Lilie ihre Wurzeln hätte, befände sich der Schatz. Würde man schließlich die Wurzeln ausgraben, so stehe eine verwunschene Jungfrau da, und wer die heirate, bekäme einen unendlichen Schatz dazu. – Solche Leute, die am Palmsonntag während des Mittagsläutens geboren sind, hätten auch um die Flamme eine weiße Gestalt mit einer Kerze in der Hand schreiten sehen. Das sei wohl die Gräfin Cosel, die ihre in ein sicheres Versteck gebrachten Schätze sucht.

Soweit die zwei Sagen, die vermuten lassen, zum Lebensende hin habe die schöne Gräfin ihre Schätze begraben und sich selbst an einem geheimnisvollen Ort bestatten lassen, von wo aus sie jederzeit über ihren Reichtum wachen kann. Richtig ist, daß es lange Zeit ungewiß schien, wo genau Constantia ihre letzte Ruhestätte fand – Schätze hatte sie nicht zu vergraben.

Am vorletzten Märztag des Jahres 1760 besiegelt Gräfin Cosel ihren letzten Willen, indem sie über Einzelheiten ihrer Bestattung bestimmt und die Verteilung ihres Vermögens entscheidet. Von ihren beiden noch lebenden Kindern (ein Mädchen war tot geboren worden, die Tochter Augusta Constantia verstarb als Gräfin von Friesen 1728) soll ihr Sohn Friedrich August den Hauptanteil erhalten, der Tochter Friederike Alexandra ist ein Legat von 1000 Talern zugedacht.

Fast auf den Tag genau fünf Jahre später, am 31. März 1765, verstirbt Anna Constantia Reichsgräfin von Cosel. Zuvor hatte sie ausdrücklich verlangt, auf dem Schafberg bei Langenwolmsdorf beerdigt zu werden. Dieser Wunsch wird nicht erfüllt, wohl aber die Festlegungen zur Art und Weise des Begräbnisses. Dazu gehört, daß ihr Sarg mit einem blauen Tuch abgedeckt ist, das an die Stolpener Kurrendaner nach deren Gesang am Grab verteilt wird. In Anwesenheit ihres Sohnes und dessen Ehefrau erfolgt am 4. April nachmittags drei Uhr die Beisetzung in der Burgkapelle; der Pfarrer unten im Ort notiert im Kirchenbuch, daß »I. Exc. die Frau Reichsgräfin von Cosel in der Schloßkirche« bestattet wurde und versieht sich dabei im Datum – er hält den Vorgang unter den 5. 4. 1765 fest.

Aus Dresden ist der geheime Kriegsrat Clauder angereist, der mit dem Amtmann Gülden und Constantias Sohn den Nachlaß inspizieren soll. Das Inventar im Johannisturm kann mit einem Blick überschaut werden, die im Zeughaus ehemals von der Gräfin genutzen Zimmer sind hingegen mit Hausrat vollgestopft, dazu Kisten mit verschimmelten Zitronen und getrocknetem Obst und sechs Koffer mit

Ruine der Schloßkapelle mit Grab der Gräfin Cosel, dahinter Restmauer des Zeughauses.

verblichenen, ursprünglich kostbaren Kleidern. In der zweiten Etage finden die Inspizienten nahezu 3000 Bände der Cosel-Bibliothek – Werke über Geschichte, Philosophie, Physik, Chemie, insbesondere aber der Theologie und viele Bibeln. Andere Kostbarkeiten geschweige denn größere Geldsummen werden nirgends entdeckt.

Die letzte Ruhestätte der Gräfin hätte wohl größeren Frieden gehabt, wäre ihr Wunsch nach Bestattung auf dem Schafberg erfüllt worden. Die Mannen eines Großen der Weltgeschichte sind es, die Jahrzehnte später Constantias ewige Stille stören. Im Juli 1813 errichtet die Soldateska Napoleon Bonapartes Verteidigungsbauten auf der Burg; als die Franzosen Ende August wieder abziehen, wird neben anderen Einrichtungen (u.a. dem Zeughaus) auch die Kapelle gesprengt, so daß nur noch die Ringmauern stehen bleiben. Der Schutt deckt das Grab der Gräfin zu, dann überwuchert Gestrüpp das gesamte Terrain, und niemand kann noch erkennen, wo eine Grabstätte ist. Das Grab gilt als verschollen, so daß die Gerüchteküche reichlich an Nahrung erhält.

Im letzten Viertel des vergangenen Jahrhunderts bemüht sich ein Professor des Königlichen Polytechnikums in Dresden unermüdlich darum, die letzte Ruhestätte der Gräfin zu finden. Die einstige Schloßkapelle ist vor allem das Ziel seines Suchens. In der Mitte des ehemaligen Raumes befindet sich ein mit Rasen besetzter altarähnlicher Hügel, der angeblich die Stelle markiert, an der die Tote begraben worden sein soll. Richard Steche, so der Name des Forschers, hält das für unwahrscheinlich. Ihm ist einfach der Raum zwischen dem Scheitel des unter der Kapelle befindlichen Gewölbes und dem Niveau der Kapelle zu klein, um einen Sarg aufzunehmen. Die entsprechende Sondierung des Hügels erbringt den Beleg, daß hier keine Grabstätte ist, zugleich wird aber entdeckt, daß sich der ehemalige Kapellenraum nördlich fast drei Meter über das untere Basaltgewölbe hinausstreckte. Wenn die Gräfin überhaupt in der Kapelle und nicht auf dem Schafberg begraben worden war, dann konnte nur hier die Stelle sein! Inzwischen hatte auch der Pfarrer im Kirchbuch nachgeschlagen, den Eintrag über die Beisetzung gefunden und vor allem keinen Beleg dafür, daß einst auch noch andere Personen in der Kapelle begraben worden waren.

Zum weiteren Gang der Dinge lassen wir nunmehr das Protokoll sprechen, so wie es am 28. September 1881 urkundlich vollzogen wird:

»Heute vormittag 3/4 10 Uhr wurde mit der durch das Königl. Ministerium des Innern vermittelten Erlaubnis des Königl. Finanzministeriums durch die unterzeichnete Kommission eine in der Kapelle auf dem Schlosse Stolpen befindliche Gruft geöffnet, an der Nordseite unmittelbar vor dem Kapelleneingang.

Auf diese Gruft war am 13. September d.J. gelegentlich einer Untersuchung der Kapelle für Zwecke der Inventarisation der in der Amtshauptmannschaft Pirna befindlichen Bau- und Kunstdenkmäler der mitunterzeichnete Architekt Prof. Dr. Steche aus Dresden gestoßen.

Die überwölbte, im Lichten 2,6 Meter lange, 1,2 Meter breite und 1,3 Meter hohe, seitlich sauber geputzte Gruft, welche sich 40 Zentimeter unter dem

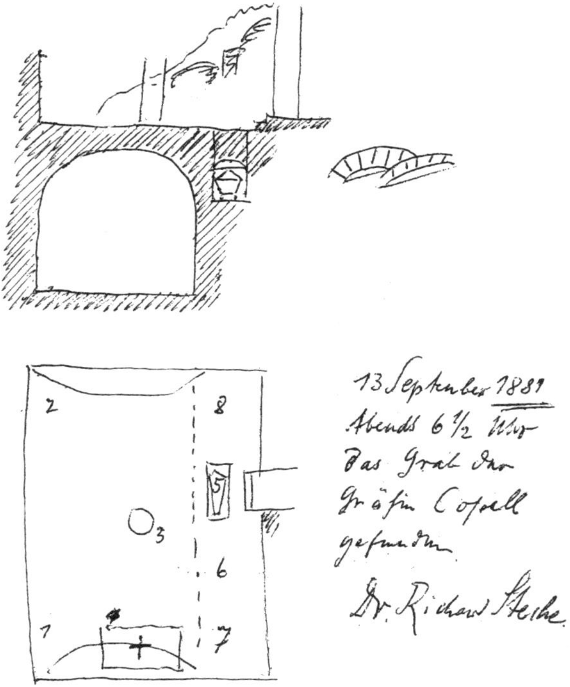

Skizze zum wiedergefundenen Grab der Gräfin Cosel vom 13. September 1881. Burg Stolpen.

jetzigen Niveau der Kapelle befindet, zeigte einen einfachen, gelb gestrichenen, tannenen, in Fäulnis übergegangenen, zerfallenen Sarg.

An der Westseite (am Kopfende) befand sich auf dem den Leichnam unmittelbar bedeckenden Brette folgende Inschrift auf einer 42 Zentimeter hohen, 31 Zentimeter breiten konisch gebildeten bleiernen Tafel:

HIER
RUHT IN GOTT UND ERWARTET DIE FRÖHLICHE
AUFERSTEHUNG
DIE HOCHGEBOHRNE FRAU FRAU ANNA CONSTANTIA

REICHSGRÄFIN VON COSEL GEB. V. BRUCHSDORF

SIE ERBLICKTE DAS LICHT DIESER WELT AO. 1680
D. 18. OCTBR.
AUF DEM ERB-GUTHE DEBENAU IN HOLSTEIN.
IHR HERR VATER WAR DER WEYLAND WOHLGEBORNE
HERR H.
JOACHIM VON BRUCHSDORF, HOCHBESTALLT
GEWESENER OBRISTER ÜBER EIN
DÄNISCHES CUIRASSIER REGIMENT.
IHRE FRAU MUTTER DIE HOCHGEBOHRNE FRAU
FRAU ANNA MARGARETHE
GEBOHRNE GRÄFIN VON MARSELLI.
IHR HERR GROSSVATER VON VÄTERLICHER SEITE WAR
DER WOHLGEB. HERR DETTLEF V. BRUCHSDORF
EBENFALLS IN DÄN. DIENSTEN ALS OBRIST ÜBER
EIN REG. CÜR.
V. MÜTTERLICHER SEITE HINGEGEN ST. LEONHARD
GR. V. MARSELLI.
IHRE FRAU GR. MUTTER ABER DIE WOHLGEB. FRAU
FR. ANNA DOROTH.
AUS DEM HAUSE RANTZAU IM HOLLSTEINISCHEN.
SIE VERMÄHLTE SICH NACH SACHSEN AO 1699 IM 19
JAHRE AN
ADOLPHUM MAGNUM GRAF VON HOYM
ENTSCHLIEF IN GOTT NACHDEM SIE IHR RUHMVOLLES
ALTER GEBRACHT AUF 84 JAHRE 5 MONATHE 13 TAGE
D. 31. MART. 1765.

Soweit die Trümmer des Sarges es zu erkennen gestatteten, war derselbe mit gelber Seide ausgeschlagen.

Nach äußerst vorsichtiger Hinwegnahme der oberen Bretter zeigte es sich, daß der Leichnam voll-

Grabplatte über der letzten Ruhestätte der Gräfin Cosel.

ständig skelettiert war, und zwar in dem den Unterzeichneten sichtbaren Schädel und linken Fuße.

Die Bekleidung des Leichnams war völlig verwest. Auf dem oberen Teile des Leichnams befanden sich Glastafel-Trümmer, welche vermuten ließen, daß über dem Antlitz der Verblichenen eine Glastafel im Sargdeckel angebracht war, um bis zur Bestattung dasselbe sichtbar zu lassen.

Nach dem durch den bei der Aufdeckung des Grabes nebst dem Kastellan Herrn Gäbler mit anwesenden Herrn Bürgermeister Fiebiger von Stolpen ein entsprechender Holzkasten zur Stelle geschafft, in demselben sorgfältig umwickelt die oben erwähnte Tafel niedergelegt und in dieser Umhüllung an den ursprünglichen Platz zurückgebracht worden, ließ Herr Landbaumeister Dreßler den Inhalt der Gruft sorgfältig durch Bretter abdecken und die Wiedereinwölbung der Grabstätte begann; am Nachmittag 1/2 5 Uhr war das Grab vollständig wieder geschlossen.

Heinrich Dreßler, Landbaumeister
Dr. Richard Steche, Prof. am Königl. Polytechnikum
Hermann Otto Voigt, Pfarrer in Stolpen«.

Heute bedeckt eine schlichte Steinplatte die letzte Ruhestätte der Gräfin Cosel.

Grundriß der Feste Stolpen

im Jahre 1743.

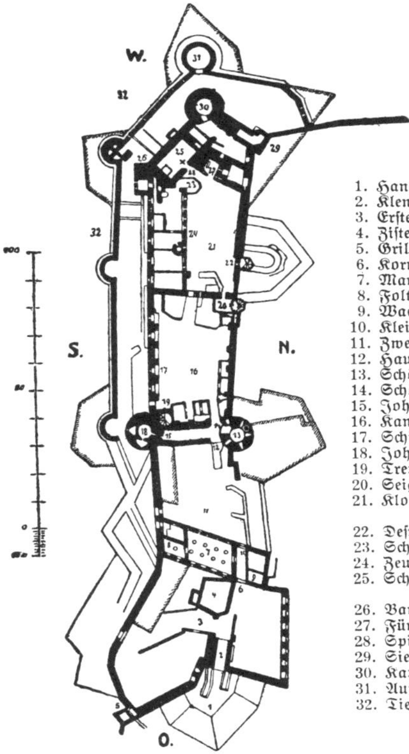

1. Hanewald.
2. Klengelsburg.
3. Erster Schloßhof.
4. Zisterne.
5. Grillenburg.
6. Kornboden.
7. Marstall.
8. Folterkammer.
9. Wachstube.
10. Kleines Gefängnis.
11. Zweiter Schloßhof.
12. Haupt-Portal.
13. Schösser-Turm.
14. Schösser-Gefängnisse.
15. Johannis-Gefängnisse.
16. Kanonen-(3.) Hof.
17. Schießscharten.
18. Johannis-(Cosel-) Turm.
19. Treppen-Turm.
20. Seiger-Turm.
21. Kloster- oder Kapellen-(4.) Hof.
22. Destillier-Haus.
23. Schloß-Brunnen.
24. Zeughaus.
25. Schloß-Kapelle. († Grab der Gräfin Cosel.
26. Barbara-Turm.
27. Fürstenhaus und -Wall.
28. Spindel-Treppe.
29. Siebenspitzen-Turm.
30. Kapitels-Turm.
31. Außenwerk.
32. Tiergarten.

QUELLENVERZEICHNIS

Akten des Pfarramtes zu Stolpen. – Loc. XIII. Nr. 6/1899

Amaranthes: Nutzbares, galantes und curiöses Frauenzimmer-Lexicon. – Leipzig, 1715

Beckmann, D., Beckmann, B.: Alraun, Beifuß und andere Hexenkräuter. – Frankfurt/M., 1990

Gercken, C. Chr.: Historie der Stadt und Bergfestung Stolpen. – Dresden/Leipzig, 1764

Gloger, B., Zöllner, W.: Teufelsglauben und Hexenwahn. – Leipzig, 1983

Hoffmann, G.: Constantia von Cosel und August der Starke. – Bergisch Gladbach, 1984

Lubojatzky, F.: Stolpen und seine Gefangene, die Gräfin Cosel. – In: Das goldene Buch vom Vaterlande. Löbau, 1860

Meiche, A.: Sagenbuch der sächsischen Schweiz und ihrer Randgebiete. – Berlin, 1991

Nadolski, D.: Wahre Geschichten um August den Starken. – Taucha, 1991

Poeschel, H.: Schloß Stolpen und die Reichsgräfin von Cosel. – In: Die Grenzboten, 1910

Pöllnitz, K. L. v.: Der verschwenderische Liebhaber oder das galante Sachsen. – Berlin, 1735

Weber, K. v.: Anna Constantia Gräfin von Cosel. – In: Archiv für die Sächsische Geschichte. Leipzig, 1871

BILDNACHWEIS

Burg Stolpen 2, 11, 21, 32, 46, 61, 67, 68, 70, 73, 79, 83
Schenke, Frank, Gera-Lusan 53, 76, 81
Sächsische Landesbibliothek, Abteilung Deutsche Fotothek
Schutzumschlagmotiv/39

Die Burg Stolpen
lädt zum Besuch ein

Die als Museum hergerichtete Burganlage läßt die Besucher nicht nur auf den Spuren der Gräfin Cosel wandeln, sondern bietet eine Vielzahl weiterer Sehenswürdigkeiten, u.a. eine mit historischem Interieur ausgestattete Folterkammer, einen Gerichtssaal, mächtige Kellergewölbe, militärische Ausrüstungsgegenstände in der ehemaligen Hauptwache sowie den tiefsten in Basalt getriebenen Brunnen der Erde.

*

Öffnungszeiten von Mitte März bis November täglich ab 9 Uhr.
Auf Wunsch sind auch Führungen möglich.

*

ANSCHRIFT:

Burg Stolpen
Schloßstraße 10
O-8350 Stolpen
Telefon (00528 93) 63 87